Diogenes Taschenbuch 21976

de
te
be

Friedrich Dürrenmatt

Versuche

Diogenes

Nachweis der einzelnen Texte
am Schluß des Bandes.
Die Erstausgabe erschien 1988
im Diogenes Verlag
Umschlagillustration: Varlin, ›Mein Sessel‹,
1972–75 (Ausschnitt)

Veröffentlicht als Diogenes Taschenbuch, 1991

120/91/8/1
ISBN 3 257 21976 8

Inhalt

Versuche

Vallon de l'Ermitage

1980/83

Je mehr die Zeit fortschreitet, desto dichter spinnt sie ihr Netz, worin sie uns verstrickt: Schon das erste Mädchen, in das ich mich verliebte, kam aus Neuchâtel. Es hieß Claudine, oder vielleicht ganz anders, und war schön. Ich war erst acht, oder gar nur sieben, und meine Liebe wurde nicht erwidert. Ich ärgerte mich über mein Alter, und so ist es eigentlich nur dieser Ärger, an den ich mich erinnere, mehr als an den Gegenstand meiner Liebe, der siebzehn, achtzehn oder schon zwanzig und eine junge Frau war. Sie weilte bei uns in den Ferien, sie war weiß gekleidet und saß in unserem Garten an einem Tisch und las. Der Tisch stand vor einer Tanne, in der ich herumkletterte, gierig nach Einsichten. Nach Neuchâtel selbst kam ich erst im Juni 1940, die Deutschen überrannten Frankreich. Ich radelte von Bern her und mußte nach La Tourne, oberhalb Rochefort, zu einem Pfarrer mit vielen Kindern, mein Französisch aufzubessern; es ist mir noch jetzt nicht gelungen. Die Straße Bern–Neuchâtel ist, außer daß sie verbreitert wurde, im wesentlichen unverändert geblieben (nimmt man nicht die Autobahn nach Murten), auch wenn neben der alten Holzbrücke in Gümmenen nun eine neue steht, in Gurbrü die Kurven nicht mehr vorhanden sind und in der Ebene nach Kerzers die Pappelallee längst gefällt ist. Nicht auffindbar ist auch die alte Straße von der Ziehl nach St-Blaise, sie führte in meiner Erinnerung an einem langgestreckten Gemäuer vorbei und war sehr schmal. Von Neuchâtel selbst, wie es damals war, ist mir der Eindruck einer endlosen Straße geblieben, die aufwärts führte, es muß die Rue de l'Ecluse gewesen sein, die sich zwischen dem Schloßfelsen und dem Jurasüdfuß entlang hinaufzwängt, Peseux und Corcelles entgegen. Die Mittagshitze war groß, als ich das Rad die Steigung hinaufschob, die letzten Häuser von Corcelles stehen noch heute. Daß ich zwölf Jahre später nach Neuchâtel kommen sollte, ahnte ich nicht. Dabei hätte mich meine Herkunft mütterlicherseits mißtrauisch machen sollen, aber um sie habe ich mich nie sonderlich gekümmert, sie war allzu kompliziert, so daß ich erst jüngst von meiner neunzigjährigen Tante vernahm, von der Schwester meiner Mutter, daß meine Großmutter, die meinen Großvater, einen Witwer mit Kindern, als Witwe mit Kindern geheiratet hatte, aus Neuchâtel gekommen sei, wohin sie mit ihren zwei Schwestern verschlagen wurde, und daß ein Neffe meiner Großmutter nach Niederländisch-Ostindien gezogen und dort Dirigent einer Militärkapelle geworden sei, doch habe seine künstlerische Laufbahn ein jähes Ende genommen, denn nachdem er beschlossen habe, von Heimweh überwältigt, nach Neuchâtel zurückzukehren, habe ihn nach seinem Abschiedskonzert in Bandung oder Surabaja oder sonst einer javanischen Stadt seine Frau, eine Eingeborene, vergiftet. Der Großneffe wurde offenbar geliebt, und auf dem Umweg über meinen Urgroßvater und meine Urgroßmutter mütterlicherseits haben noch Gene, die schon bei ihm ihr Unwesen trieben, auch bei mir die Hände im Spiel, insofern es erlaubt ist, beim Gen von Händen zu reden, und es ist denkbar, daß sich, falls der Kapellmeister Kinder hatte, in Java noch andere der gemeinsamen Gene herumtummeln: Die Sage ist wie alle Sagen dunkel, auch mischt sich in die Vorgeschichte eine Familie d. P. hinein, was de Pury heißen könnte, wie meine Tante vermutet, besitzt sie doch noch Erbstücke mit diesen Initialen. Aber nicht nur ich bin irgendwie und irgendwo ein Neuenburger; an der Straße Neuchâtel–Valangin liegt eine der Samenbanken des Landes. Große saubere Stallungen, ein Verwaltungsgebäude, das Wartezimmer für Gäste – insofern es Menschen sind –, wie beim Zahnarzt. Kataloge liegen herum. Draußen findet eine Bauernführung statt. Durch das Fenster dringen Urlaute: Die mächtigen Stiere trotten unter einem Dach in einem Oval herum, etwa dreißig, von einem Ring in ihren Nüstern führt eine Kette zu einem Laufband unter dem Dach. Und so trotten sie denn eine Stunde herum; werden sie befreit, führen die Stierenwärter sie in die Vorhalle. Die Vorrichtung mit dem 38° warmen Beutel sieht nicht einer Kuh ähnlich, doch der Stier nimmt sie für eine, der Beutel weist die Wärme einer Rindervagina auf, es geht sekundenschnell, hopp, das Reagenzglas unten am Beutel wird ausgewechselt, und schon springt der nächste Koloß, hopp, bis sich alle Stiere ergossen haben, während draußen weitere Stiere dumpf muhend im Oval unter dem Dach herumtrotten. Nach jedem Sprung wird das Reagenzglas mit der kostbaren Flüssigkeit durch ein Fenster in das Laboratorium gereicht. Geht es in der Vorhalle unter dem Kommando der Stierenwärter rüde und handfest zu, wie in einem technischen Bullenpuff, geradezu militärisch, so wird im Laboratorium eine andere Atmosphäre spürbar, es wird nicht nur wissenschaftlich-klinisch vorgegangen, sondern auch flink-weiblich, die Laborantinnen in weißen Kitteln beeindrucken: Sie beschriften die

Reagenzgläser, tragen die Nummern in ein Protokoll ein, entnehmen dem männlichen Kraftstoff Proben, schieben die Glasplättchen mit der Spermaschicht unter das Mikroskop: ein schwänzelndes Gewimmel, die Träger der Gene, in denen die Eigenschaften vorprogrammiert sind, die der Katalog verspricht. 6,8 Milliarden Spermien enthält eine Ejakulation, die Laborantinnen prüfen, ob diese ergiebig genug gewesen sei, um verwendet werden zu können; war der Muni in Form, das Samenbild gut, geschieht nach der Probe alles vollautomatisch. Zur künstlichen Besamung sind 25 Millionen Spermien notwendig (ich zitiere aus dem Gedächtnis), um die 250 mögliche Rinder vermag so ein Stier mit einem Stoß in die künstliche Vagina zu produzieren. Wohlig liegen, während die Laborantinnen und Apparate noch arbeiten, die Stiere nach geleistetem Tagewerk in ihren riesigen Ställen, behutsam geht man an den kraftstrotzenden Kolossen vorüber, ihre Leistung stimmt andächtig. Die Ställe weisen denn auch etwas Nordisches, Walhalla-Ähnliches auf, hier läßt sich gut ruhen, man möchte sich zu den Helden legen. Nur abseits von den mächtigen Gebäuden steht ein kleiner Stall, gleichsam versteckt, mehr eine Hütte, da haust einer, den man nur bisweilen entsamt: ein brauner bärtiger Ziegenbock, urweltlich würdig, stinkend wie die Pest, gemieden und bewundert zugleich, eine Mischung von Pan und Teufel, ein Spermienproduzent, dem man aus einem Anflug von humaner Tierliebe, aus Verständnis zu seiner einsamen Einmaligkeit eine Ziege beigab, und wirklich, das Paar kommt mir wie Philemon und Baucis vor. Nicht weit von dieser Idylle wohnen wir nun seit etwas mehr als einem Vierteljahrhundert, oben in einem kleinen Tal über Neuchâtel, im Vallon de l'Ermitage, von einem Brief herbeigelockt, es sei ein Haus mit einer »eingebauten Bibliothek« zu verkaufen. Im Hause arbeitete noch der Schreiner, als wir einzogen, der elektrische Strom war noch nicht angeschlossen, und ich kochte in der Waschküche eine Suppe. Der Weg, der an unserem Haus vorbeiführt, steigt am Waldrand des Chaumont hinauf und verschwindet im Wald. Das kleine Tal wird von einem Felsrücken abgeschlossen, dem Rocher de l'Ermitage, der dem Tal den Namen gab. An seinem Fuße befinden sich mehrere flache Höhlen, besser: weite Nischen, einige dem Tal zugewandt, in denen in den Sommernächten die Studenten und die Handelsschüler feiern. Es geht dann hoch her. Wilde Reden, Singen, später Grölen. Die Mädchen kreischen. Am lautesten treiben es die Deutschschweizer. Sie sind nach Neuchâtel gekommen, um Französisch zu lernen, wobei jenes schweizerdeutsche Patois herauskommt, das ›Français fédéral‹ genannt wird. Auch macht sich in den Höhlen bisweilen eine religiöse Gruppe bemerkbar: »*Jésus, sauve-moi!*« tönt es dann, gefolgt von langgezogenen Aves, Hosiannas, Amen; mein einmal hinaufgebrülltes »*Jésus, donne-moi le silence*« blieb ohnmächtig. In einer dieser Höhlen soll im 15. Jahrhundert ein Nicolas de Bruges als Eremit gehaust haben, offenbar von der Frömmigkeit nur zeitweise bedrängt, hielt er sich doch in Neuchâtel noch eine Wohnung und stellte Schießpulver her. Vom Tal selbst ist sonst wenig Geschichtliches auszumachen: Daß sich darin der jüdische Friedhof befunden habe, weiß um 1692 ein Abraham Amiest zu berichten, aber die fromme Königin Bertha, die in Payerne, jenseits des Neuenburger Sees, damals Peterlingen, am Ende des 9. Jahrhunderts über das Königreich Hochburgund regierte, verbannte die Juden aus Neuchâtel, »sans jamais leur permettre d'y r'entrer«. Nach dem Verschwinden des Friedhofs werden sich die Weinberge bis zum Felsen hinaufgezogen haben, nach den zerfallenen Rebmauern zu schließen. Einige Jahrhunderte später mag das Tälchen in den Besitz der de Merveilleux gekommen sein, die eigentlich Wunderlich hießen und deren Ahnherr Hans Wunderlich um 1430 herum Koch beim Grafen von Neuchâtel war; wie denn überhaupt die Gegend einen Hang zum Kulinarischen hervorbringt; die ersten Bewohner am Seeufer sollen in vorgeschichtlicher Zeit, bevor die Kelten kamen, Kannibalen gewesen sein, wie wohl wir alle in grauer Vorzeit. Als die Grafen von Neuchâtel ausstarben, strandete das Ländchen beim Hause Orléans-Longueville. Als auch dieses erlosch, erbte der »König in Preußen«, Friedrich I., 1707 das Fürstentum, einerseits unterstützt von einem juristischen Gutachten des Philosophen Leibniz, anderseits ermutigt von der Politik des neuenburgischen Kanzlers, Georges de Montmollin, einer dessen Nachfahren – er hat deren viele – wohnt unten im Tal, das ich oben bewohne. 1848 befreite sich Neuchâtel von Preußen und erklärte sich zur Republik; ob es aber als unvermeidliches Resultat dieser neuen Ordnung »in die Barbarei zurückgesunken« sei, wie eine Schrift prophezeite, die 1848 in Berlin gedruckt wurde, wage ich nicht zu entscheiden, das Vallon de l'Ermitage ist zu abgelegen. Unter unserem Garten fällt das Terrain steil ab, der jenseitige Talhang ist bewaldet, doch sehen wir darüber hinweg auf den See; jenseits des Sees liegen freiburgisches und waadtländisches Bauernland, bewaldete Hügel, die sich bis zu den Alpen hochtürmen, vom Wohnhaus aus werden an klaren Herbst- und Wintertagen oder bei Föhn die Alpen, vom Finsteraarhorn über die Blümlisalp bis zum

Montblanc, sichtbar, auch das Matterhorn ist zu erkennen, eine winzige Zacke; alle Gipfel ein Teil des Massivs, das vor 100 Millionen Jahren aus dem Tethysmeer hervorschoß, in verschiedenen gewaltigen Schüben, deren letzter den Tafel- und den Kettenjura ans Tageslicht zwängte. Am Südhang des letzteren haben denn auch Neuchâtel sich und ich mich angesiedelt. Betrachte ich mit dem Fernrohr die um wenige Millionen Jahre älteren Alpen und ihre Vorberge, vermag ich den Kirchturm von Guggisberg zu erspähen; aus diesem Dorf stammt meine Familie, und ich bin immer noch Burger dieser Gemeinde; das Fernrohr, das ich in diesem Falle benutze, ist ein großer zweirohriger Zeiß auf einem Stativ. Ich brauche ihn manchmal, um die Schießübungen der eidgenössischen Luftwaffe zu beobachten. Etwa 20 km entfernt, in der Nähe von Estavayer, sind im See Ziele aufgebaut. Sie sehen im Zeiß wie eine Pfahlbausiedlung aus, die Mirages donnern über mir vorbei, und ich vermag deutlich die Einschläge zu erkennen. Aber meistens verwende ich den Zeiß, um den Mond und die Planeten zu beobachten. Jupiter und Saturn sehe ich darin wie gestochen. Für die Jagd auf Spiralnebel setze ich ein Zweiundzwanzig-Zentimeter-Spiegelteleskop ein, es ähnelt einer primitiven Kanone, ein ungefüges Instrument, das ich, wenn Sonntagsspaziergänger vom Felsen mit ihren Ferngläsern zu mir herunterstarrten, umständlich aufstellte und gegen sie richtete: fluchtartig verließen dann die Spaziergänger ihren Beobachtungsposten. Das war vor Jahren. Inzwischen ist unser Garten zugewachsen. Als wir das Wohnhaus bezogen, waren der Garten und die steile Alpweide davor bis zum Felsen hin baumlos. Zwar standen im oberen Garten, gegen den Felsen zu, einige Obstbäume: Kirschen, Pflaumen und Quitten, doch die Kirschen und die Pflaumen fraßen die Vögel, der Wald war zu nah. Um das Haus herum waren Gemüsebeete, mit weißen Jurasteinen umrandet. Die Beete sahen wie Gräber aus. Der Besitzer des Hauses hatte vom Garten gelebt und duldete um das Haus keine Bäume, das Haus war der prallen Sonne ausgesetzt, ein gelber Würfel mit einem Flachdach (das erste in Neuchâtel), das wie ein flachgedrückter Hut aussah. Das Haus war zwei Jahre lang unbewohnt gewesen. Es sei für die Neuenburger zu abgelegen, meinte der Hausbesitzer, der es mir verkaufte, um mich zu beschwichtigen, denn irgendwie witterte ich einen anderen Grund, und kaum waren wir eingezogen, kam der Grund zum Vorschein: Das Flachdach war nicht dicht. Wir zogen einen Architekten bei. Das Dach müsse erneuert werden. Die Kosten betrügen den zehnten Teil der Kaufsumme des Hauses. Hatte ich mir schon diese zusammenpumpen müssen, so sah ich mich nun außerstande, das Dach erneuern zu lassen. In Erwartung der kommenden Überschwemmungen saß ich wenige Wochen nach der Münchener Uraufführung der *Ehe des Herrn Mississippi* deprimiert in einem Café, als sich mir gegenüber ein alter massiver Mann niederließ und sich gleich vorstellte. Dem Namen nach mußte er aus der gleichen Burgergemeinde stammen wie ich, und er stammte denn auch aus Guggisberg; außerdem kam er gerade aus der Strafanstalt Witzwil und genoß nach mehreren Monaten die ersten Stunden Freiheit. Im Verlaufe des Gesprächs erzählte ich von meinem undichten Flachdach, war der Guggisberger doch früher Baumeister gewesen. Ob zum Dach eine Tür führe, fragte er. Ich bejahte. Ob diese Tür eine Eisenschwelle besitze, fragte er darauf – wir waren schon beim zweiten Dreier Fendant –, ich nickte wieder. Dann wisse er, woran es liege, sagte der Mann, der aus Witzwil kam. Er wolle mir das Dach reparieren, es koste mich fünf Franken. Wir tranken den dritten Dreier Weißen, dann kaufte er in der Drogerie Schneitter für fünf Franken Schifferkitt, und wir machten uns auf den Weg zum lecken Haus. Er bearbeitete mit dem Hammer den Beton unter der Eisenschwelle, brauchte den Schifferkitt auf, und das Dach wurde dicht und blieb dicht, bis ich dreizehn Jahre später das Haus renovieren ließ. Ich bin dem Manne noch heute dankbar. Später begannen wir Bäume zu pflanzen, den Garten immer wieder umzugestalten, ein Schwimmbad und ein Arbeitshaus zu errichten, statt Gemüse kamen Blumen, dann statt Blumen Sträucher und neue Bäume, und nun, nach mehr als fünfundzwanzig Jahren, ist unser Garten ein Teil des Waldes geworden. Aber nicht nur unser Garten, auch das Tal wächst zu. Zwar ist der Wald über unserem Haus, jenseits des Weges, scheinbar der gleiche geblieben, aber die Fichten, Buchen und Eichen, die seinen Hauptbestand bilden, sind gewachsen; steigt man hier hinauf, ist er ungepflegter, verwilderter als vorher, nur noch mühsam vermag ich ihn zu durchdringen. Privatbesitz. Jenseits des Felsens gehört der Wald der Gemeinde. Durch ihn führen meine täglichen Spaziergänge, in den letzten zehn Jahren von meinen beiden deutschen Schäferhunden begleitet, mit denen ich Berndeutsch rede. Seit drei Jahren ist es ein anderes Paar, aber die Namen habe ich nicht geändert. Der Spaziergang ist immer der gleiche: ein Rundgang, bei dem ich bisweilen die Richtung ändere. Beim Gehen konzipiere ich gern, kaum daß ich den Wald wahrnehme; an einer Stelle liegt noch immer der vermodernde Baumstamm, über den ich zum ersten Mal stieg, meinen noch nicht fünfjährigen Sohn an der Hand. Ein Wald verändert sich nur unmerklich, doch wurde die drei letzten Jahre gelichtet. Es war, als wäre mir der Wald abhanden gekommen. Ging ich vorher mit meinen Hunden durch dichtes Unterholz, trat nun das Gelände hervor, Findlinge wurden sichtbar, die ich nie bemerkt hatte. Erst jetzt habe ich mich an das Lichten gewöhnt. Doch nicht nur der Wald hat sich verändert, auch Neuchâtel, wenn auch diese Veränderung mir nur allmählich auffiel. Nicht umsonst wunderte sich neulich jemand, daß ich nie ›Neuenburg‹ sage: Könnte ich ›Neuenburg‹ sagen, hätte ich die Stadt akzeptiert, aber als ›Neuchâtel‹ halte ich sie höflich auf Distanz, sie ist mir nie ganz vertraut geworden. Es gibt immer noch Quartiere, die ich nicht kenne, so etwa, als ich einmal mit einem befreundeten Psychiater vom Bahnhof zu seiner Wohnung hinunterwanderte, Treppen hinunter, durch Laubengänge, von denen ich keine Ahnung hatte, an einer Mauernische vorbei voller mit Kreide hingeschriebener Nachrichten: ›Cherche fille, 15 ans, pour faire l'amour‹, usw. Auch komme ich, fahre ich von der Hauptpost gegen den Bahnhof, linker Hand hinter den Häusern versteckt, an einem kleinen Palais vorüber, das zu betrachten ich mir schon seit einiger Zeit vorgenommen habe, allerdings brauchte es mehr als zwanzig Jahre, bis ich es bemerkte, und so habe ich das kleine Palais noch nie betrachtet und werde es wohl nie. Was jedoch die Hauptpost am Hafen betrifft, so war sie das häßlichste Gebäude der Stadt, als wir nach Neuchâtel übersiedelten. Der palastähnliche Bau aus gelbem Neuenburger Sandstein, etwa um die Jahrhundertwende erbaut, ist vom Glauben an die völkerverbindende Sendung der Post durchdrungen, unter seinen Giebeln, über der obersten

Fensterreihe, sind immer noch die Namen längst untergegangener Staaten eingemeißelt wie Serbien und Montenegro, hier haben sie überlebt. Heute ist die Post, seit sie renoviert wurde, zu einem der schönsten Gebäude der Stadt geworden, verklärt durch den Zauber der Nostalgie, als wohltuender Kontrast zur modernen Bauerei, die auch in Neuchâtel nicht aufzuhalten war: Sie schlug wie in anderen Städten zu. Vom Motorboot meines Theaterverlegers gesehen, ist das Städtchen nicht mehr aufzufinden; es ist eine der Vorstädte der Vorstadt Serrières geworden, die mit ihren Hochhäusern dominiert. Es ist schwer auszumachen, wo Neuchâtel liegt, das Schloß und die Kathedrale sind beinahe nur durch Zufall zu entdecken, und seine Altstadt ist wie verschüttet. In die Kathedrale, die »Collégiale«, führe ich bisweilen Bekannte. Das Grabmal der letzten Grafen von Neuchâtel ist nicht ohne Komik. Da es einmal den Boden bedeckte, haben die einst liegenden, nun mit dem Grabmal aufgerichteten, aber immer noch in ihren Rüstungen betenden Grafen eine penetrant schwule Haltung angenommen, und im Schloß, wo das Parlament tagte, wurde mein Sohn, der sich weigerte, weiterhin Militärdienst zu leisten, zu drei Monaten Gefängnis verdonnert, weil sein Entschluß nicht mit dem kategorischen Imperativ Kants vereinbar sei. Als ich darauf den Richter fragte, was er denn unter Kants kategorischem Imperativ verstünde, schaute er mich mißtrauisch an, entschied dann, darüber habe er nicht zu diskutieren, Bern habe es verordnet. Daß sich auch sonst ein Steinteppich über Neuchâtel legt, hat seine Gründe: Indem die Stadt den felsigen Bergrücken des Chaumont hinaufkletterte, schüttete sie das dort Herausgepickelte und Herausgeschaufelte in den See, dessen Ufer ihn zu verschmälern beginnt.

Auch besitzt die Stadt die Eigentümlichkeit, dem See den Rücken zuzukehren. Zwar tummeln sich auf ihm die Boote und Segelschiffe, doch die Banken, das Gymnasium, die Post, das Kunstmuseum an seinem Ufer wirken in der Nacht mit ihrer Lichtlosigkeit wie tote Klötze. Neuchâtel ist eine Stadt der Mauern. Nicht umsonst zählen zu ihren heimlichen Herrschern auch zwei Bauunternehmer, deren Familien aus Italien und dem Tessin stammen. Den einen dieser heimlichen Herrscher, der nun auch schon unter der Erde liegt, sah ich oft im ›Rocher‹, in der Beiz meines Freundes Liechti, das heißt dort, wo die Beiz eine Beiz ist, und nicht hinten im Sälchen, wo sie zur Freßbeiz wird, zum bekannten Restaurant. Auf den ersten Blick schien er ein Vorarbeiter einer seiner vielen Baustellen zu sein, aber er strahlte eine seltsame Ruhe und Sicherheit aus: die Ruhe der wirklich Mächtigen – so stelle ich mir Ernst Jüngers Oberförster vor. Mich begrüßte er höflich. Die Boshaftigkeiten, die ich ihm bisweilen über den F. C. Xamax sagte, quittierte er gelassen. Mit diesem Fußballklub versuchten er und sein Clan, sich bei der Bevölkerung beliebt zu machen; und auch bei mir spielt dieser Verein eine Rolle, denn zu den wenigen Rudimenten Neuchâtels, die von unserem Garten aus sichtbar sind, gehören neben drei Hausdächern über den Bäumen der gegenüberliegenden Talseite und dem Turm der katholischen Kirche unten am See auch der Fußballplatz, mächtig dröhnt der Aufschrei der Zuschauer zu uns empor, fällt ein Tor, verliert der Verein, herrscht Totenstille. Doch nicht nur Fußballgeschrei dringt zu uns herauf, auch der Lärm der Feste, die in der Stadt gefeiert werden: Blasmusik, Getrommel, die Musik der Festbuden auf dem Platz neben der Post, und bisweilen, wenn ich mit dem Wagen von Zürich oder Bern in der Nacht zurückkehrend vor dem ›Escale‹ oder gegenüber, dem ›Café Du Theâtre‹, dichtgedrängt die Leute sitzen sehe, erinnere ich mich an die Zeiten, als ich versuchte, in Neuchâtel heimisch zu werden. Daß dieser Versuch mißlang, hat verschiedene Ursachen: Ich hatte nie eine besondere Beziehung zur französischen Kultur, und was sich außerhalb derselben abspielte, zählte für Neuchâtel nicht. Dazu kam, daß im ersten Jahr der Schriftsteller Ludwig Hohl bei uns wohnte. Nicht freiwillig, ein bekannter Bildhauer hatte mich aus Genf angerufen, Hohl befinde sich in der Heilanstalt Bel-Air, ich solle ihn herausholen. Er habe, sei es nun aus Protest gegen die Stadt oder aus Protest gegen die demütigenden Umstände, in denen er sich befinde, in einer Straße Genfs herumgeschossen, worauf die Polizei ihn in die städtische Heilanstalt eingeliefert habe. Ich kannte Hohl schon seit den Jahren her, die ich am Bieler See verbrachte. Er hatte mir nachts einmal angeläutet, er sei im Gasthof ›Kreuz‹. Ich stieg, da keine Drahtseilbahn mehr fuhr, durch die Weinberge ins Dorf hinunter, fand Hohl im ›Kreuz‹. Doch kaum hatte ich ihn begrüßt, wurden wir von zwei Polizisten verhaftet. Hohl hatte, als er versuchte mich anzurufen, zweimal aus Versehen die Nummer der Polizeistation Twann gewählt und verärgert gesagt, im ›Kreuz‹ in Ligerz sitze ein Mörder; dann erst hatte er meine Nummer zu wählen vermocht. Mit Mühe gelang es mir, die Polizei zu beruhigen, um eine Buße kam ich nicht herum, aber ich war glücklich, endlich mit Hohl zur ›Festi‹ hinaufsteigen zu dürfen, wo ich mit meiner Familie wohnte. Es war eine helle Vollmondnacht, die Weinberge fast taghell beleuchtet, wenn auch in einem blauweißeren Licht. Ich schritt voran bergauf, der ›Festi‹ entgegen,

Hohl wenige Meter hinter mir, ständig mit lauter Stimme rezitierend: »Daß du nicht enden kannst, das macht dich groß.« Plötzlich tönte das Goethe-Zitat irgendwie dumpfer. Ich kehrte mich um, Hohl war nicht mehr zu sehen. Ich ging die Weinberge hinunter, schrie: »Ludwig, Ludwig!« Dumpf, wie aus dem Erdinnern tönte es mir entgegen: »Daß du nicht enden kannst, das macht dich groß.« Endlich entdeckte ich ihn, er war in ein Senkloch gefallen, und ich hatte Mühe, ihn wieder herauszubringen. Doch auch sonst war der Aufenthalt auf der ›Festi‹ über Ligerz nicht unkompliziert. Er hatte von seiner geschiedenen Frau eine Tochter, die sich in einem Kinderheim in einem Dorf im Jura befand. Hohl entwarf die kompliziertesten Pläne, einen Berg zu besteigen, wo er sein Kind durch einen Feldstecher beobachten könnte, stellte Berechnungen auf, wann er aufbrechen müßte, usw., doch setzte er keine Pläne um, bald traute er dem Wetter, bald dem Feldstecher nicht. Dann kehrte er nach Genf zurück. Die Nachricht, er sei in die städtische Heilanstalt eingeliefert worden, beunruhigte mich. Ich reiste nach Genf. Den bekannten Bildhauer fand ich in einer Kneipe, dick und betrunken zwischen zwei ebenso dicken und betrunkenen Dirnen, zu viert machten wir uns zur Rettung Hohls in einem Taxi zur Heilanstalt auf, mit Mühe vermochte ich die Dirnen zu überreden, nicht mit uns in die Heilanstalt zu gehen, der betrunkene Bildhauer war Ballast genug: Der Oberarzt empfing uns denn auch nicht allzu freundlich, besonders, als der Bildhauer rabiat wurde. Ich war schließlich froh, die Heilanstalt – wenn auch ohne Hohl, aber mit dem fluchenden Bildhauer – überhaupt verlassen zu können. Erst eine Woche später gelang es mir, Hohl freizubekommen. Ich war ohne

Bildhauer hingegangen. Ich mußte versprechen, Hohl nach Neuchâtel zu nehmen. Kaum hatten wir die Anstalt verlassen, ließ er das Taxi anhalten und verschwand. Ich glaubte schon, er habe sich davongemacht, als er mit zwei Flaschen Rum zurückkehrte. Die Reise nach Neuchâtel verbrachte er schlafend in einem Abteil dritter Klasse über mir im Gepäckträger. Das Zusammenleben mit ihm war nicht leicht. Die Kinder waren noch klein, die Schwiegermutter wohnte bei uns, das Haus war überfüllt. Hohl wohnte in einem Zimmer im Parterre, gegen den Weg zu, der zum Rocher de l'Ermitage hinaufführt. Er hatte das Zimmer mit Schnüren vollgespannt, an welchen seine Aphorismen an Wäscheklammern hingen, unter denen er sich wie unter einem Spinnennetz bewegte. Seine Arbeit bestand darin, seine Aphorismen nicht neu zu schreiben, sondern neu zu ordnen. Am Morgen arbeitete er, dann durfte er nicht angesprochen werden, schon den Morgengruß meiner Frau empfand er als Beleidigung. Ich arbeitete nachts, da wollte er mit mir reden. Wir scheiterten aneinander. Da er seine Aphorismen zum Fenster hinausschrie, wild gestikulierend, und weil er es liebte, im Wald unter dem Felsen Rilkes *Requiem* laut zu rezitieren, verwunderte er und erschreckte die meist betagten Leute vom Altersheim, die das Vallon de l'Ermitage hinaufwanderten: Den ersten Sommer, den wir in Neuchâtel verweilten, glaubten die Neuchâteler, Hohl sei ich, und bedauerten das Geschick meiner Frau, an einen derart exaltierten Mann geraten zu sein. Auch mit meinen Kindern hatte Hohl Schwierigkeiten: Er liebte es, mit ihnen zu spielen, doch tat er das derart intensiv, daß sie sich vor ihm fürchteten, bald heulte er wie ein Wolf, bald brüllte er wie ein Löwe, nur lauter als die Originale. Die Nachmittage verbrachte ich damit, die Steine, die mein Vorgänger ein Leben lang in die Erde gesetzt hatte, sein Gemüse zu umhegen, mit einer Eisenstange wieder aus der Erde zu hebeln und aus dem Garten zu werfen, wo sie zum Vergnügen meiner Kinder den Hang hinunterrollten. Hohl wollte mir oft dabei helfen, empfand er doch eine Leidenschaft für Steine, die er für menschlicher als Menschen hielt. Mühsam hebelte er einen der Steine aus der Erde, rollte ihn auf den Rasen, legte sich neben ihn und schlief ein. Andächtig standen die Kinder um Hohl und Stein herum. Nach etwa drei Monaten kehrte Hohl nach Genf zurück. Er empfand es als eine Befreiung, und auch wir empfanden es so. Am letzten Abend, den er bei uns verbrachte, spielte er alle seine Begegnungen durch, die er nach seiner Rückkehr in den Straßen Genfs mit der Polizei für möglich hielt. Er war von einer unvergleichlichen Komik. Seine baldige Verhaftung schien mir unumgänglich. Er wurde nicht verhaftet. Erst nachträglich wird mir deutlich, was mich an ihm störte: Hohl war ein Schauspieler, der die Komik aus seinem Leben verbannt hatte, die er seiner Natur nach besaß. Seine Armut, sein Kellerdasein waren gespielt. Er zielte auf die Tragik. Darum auch sein Stil: Sätze wie in Marmor gemeißelt, Sätze, die das Allgemeingültige verlangen. Er war ein Mensch, den ich bewunderte, dem ich nichts entgegensetzen konnte, aber in dessen Bereich ich nicht zu leben vermochte. Wer will in der Cheops-Pyramide eingeschlossen bleiben? Ich mußte ins Freie. Doch scheint es mir nachträglich nicht zufällig, daß mich Neuchâtel mit Hohl verwechselte. Es verwechselte etwas Unverständliches mit etwas noch Unverständlicherem. Für diese Stadt war ein deutschschweizerischer Dichter an sich etwas Verrücktes. Hohl entsprach dieser

Vorstellung mehr als ich: Er war für sie ein deutschschweizerischer Poète maudit. Für sie war ich zu normal, besonders als ich zu verdienen begann. Eine Frau, die meine Kinder fragte, die auf der Straße spielten, was denn der Vater mache, welchen Beruf er habe, erhielt zur Antwort: »Er erzählt Geschichten.« Die Frau war verwirrt. Mit Recht. Schriftstellerei trieben in Neuchâtel Lehrer oder sonst ernsthafte Leute als Nebenbeschäftigung. Daß ich nichts war als Schriftsteller, war etwas Suspektes. Meine Stücke waren in Paris bestenfalls Achtungserfolge, nicht gerade Durchfälle, jedenfalls derart, daß mir eine Bäckersfrau, als ich Brot kaufte, nach der Aufführung der *Fous de Dieu (Es steht geschrieben)* im Théâtre des Mathurins in Paris, spontan auf den Rücken klopfte und wohlwollend auf Berndeutsch ausrief: »Machet so wyter.« Die erste Anerkennung, die ich in Neuchâtel fand. Erst Yvonne Châtenay machte mich in dieser Stadt heimisch. Als ich einmal die Brasserie ›Strauss‹ in der Rue St-Honoré verlassen wollte, trat die damals etwa Fünfzigjährige auf mich zu, mit hängender Unterlippe und einem Louis-XVI-Gesicht. Ihre Bewegungen waren seltsam langsam. Sie sagte etwas von Wattenwil, einem Dorf am Fuße des Stockhorns in der Nähe von Thun. Ich begriff nicht, was sie meinte, schüttelte ihr die Hand, die sie mir darbot, und antwortete, meine Mutter sei auch in Wattenwil geboren. Dann verabschiedete ich mich. Als ich eine Woche später das Café ›Strauss‹ betrat, wurde ich von der Wattenwilerin an ihren Stammtisch gebeten, der sich neben dem Eingang in einer Nische befand. Ich setzte mich zu ihr. Offenbar hatte sie bemerkt, daß ich sie immer noch nicht einzuordnen vermochte, und stellte sich zum zweitenmal vor: Sie war eine geborene von Wattenwyl (die auch bei Balzac vorkommen), verheiratet mit einem Neuenburger, den ich abends ebenfalls kennenlernte. André sah aus, wie man sich einen französischen Adligen vorstellt, der uralte Adel seiner Frau war gleichsam auf ihn übergegangen. Die beiden hatten zwischen den zwei Weltkriegen in Paris ein Leben im großen Stil geführt, und ihr Vermögen war dahin, als sie der Krieg nach Neuchâtel zurückschwemmte. Er wurde Vertreter eines alten Weinhändlers in Bordeaux, der mehrere Schlösser besaß, nur noch Château d'Yquem trank und Austern aß und dessen Weinliste André in seiner prallen Brieftasche stets mit sich führte. Außerdem rahmte er Stiche; womit er sonst noch handelte, weiß ich nicht. Sie wohnten in Auvernier in einem alten Hause, halb ein Schlößchen, eine Wendeltreppe führte in den zweiten Stock, den sie bewohnten, den ersten hatten sie vermietet. Sie hausten in drei Zimmern voll uralter Möbel; das Haus hatte Andrés Vater gehört. Leider war von der Seite der von Wattenwyl eine malende Tante hineingeraten, ihre Bilder bedeckten die Wände beinahe gänzlich. Ich neckte Yvonne oft mit ihrer Herkunft, dann sagte sie energisch: »Schwyg, Ungertan!« (Schweig, Untertan!) Auch hatten die beiden neben der Musik noch eine weitere Leidenschaft: Fußball. Da sie keinen Fernsehapparat besaßen, kamen sie bei jeder Übertragung eines Spiels zu uns. Dann saß Yvonne unbeweglich vor der Bildscheibe, und wenn die Schweizer in der Tornähe des Gegners auftauchten, sagte sie: »Schutt!« (Schieß!) Meistens besuchte mich André abends allein, wir tranken eine Flasche Wein und hörten Musik, ohne ein Wort miteinander zu sprechen, dann fuhr er wieder mit seinem alten Citroën die Stadt hinunter und holte Yvonne ab, die er gegen Mittag ins Café ›Strauss‹ begleitet hatte.

Über Yvonnes Jugend weiß ich nichts Genaues. Mich dünkt, ich hätte sie einst gesehen. Ich war etwa sieben, als meine Eltern auf die traurige Idee kamen, mir das Klavierspielen beibringen zu lassen. Sie schickten mich zur Klavierlehrerin, zur Tochter des Pfarrers von Oberdießbach, ein Pfarrerssohn hat es schwer, aus seinem Milieu herauszukommen. Jeden Samstag hatte ich in das benachbarte Dorf hinunterzugehen. Die Klavierlehrerin gab jedes Jahr gegen Weihnachten im Pfarrhaus ein Konzert, wo sich ihre Schüler und Schülerinnen angesichts ihrer stolzen Eltern produzierten, unter ihnen zwei oder drei Mädchen von Wattenwyl, wie ich mich zu erinnern glaube, seien sie nun vom nahen Schloß Oberdießbach oder von anderswo gewesen, alle beträchtlich älter als ich, aber respektvoll, als etwas Außerordentliches behandelt. Sie kamen mir unglaublich schön, nobel und unerreichbar vor. Yvonne mag eine von ihnen gewesen sein. Ich spielte ›Hoch zu Roß‹, was Yvonne spielte, weiß ich nicht. Yvonne bewegte sich später mit der Sicherheit und Selbstverständlichkeit einer »de Watteville« durch die große Gesellschaft, unternahm große Reisen, war mit einem Maharadscha befreundet, dann fielen die Krankheiten wie Bestien über sie her: Schlafkrankheit, Bang, Parkinson, sie wurde schwer, unbeweglich, in sich versunken, aber sie hatte die Gabe, Menschen an sich zu ziehen. Bei ihr lernte ich die Originale Neuchâtels kennen, Käuze, wie sie nur eine kleine Stadt hervorzubringen vermag, eine große Stadt bringt sie nicht zum Strahlen. Vor allem fiel auf, daß sich die Stammrunde, die sich um Yvonne bildete, nur danach richtete, ob jemand etwas war, nicht danach, was er war. So fand man den armen russischen Emigranten neben dem Regierungsrat, einen schweigsamen verkrachten Erfinder neben dem Rektor der Universität, Menschen, von denen ich nicht wußte, was sie waren, neben Literaten und Gymnasiallehrern. Der Stammtisch war Yvonnes Zuhause, und wir fühlten uns nach und nach ein wenig als »Neuchâteller«, wenn ich auch wußte, daß man sich über mein unmögliches Französisch lustig machte. Aber Yvonne sollte den Rest ihres Lebens nicht im Café ›Strauss‹ verbringen können: Das Haus, in welchem sich das Café befand, wurde abgebrochen, um einem der langweiligen Neubauten Platz zu machen, die nun die Stadt Neuchâtel verwüsten. Das Café ›Strauss‹ ging mit Glanz und Gloria unter, sein Tod war gleichsam der Tod des alten Neuchâtels. Wir trafen uns schon gegen Mitte des Nachmittags im ›Strauss‹, alle entschlossen, Küche, Vorratsräume und den Keller bis zum letzten Rest zu räumen. Nun ist es sinnlos, vorzugeben, eine Erinnerung an ein bestimmtes Ereignis sei lückenlos erhalten geblieben, was zurückbleibt sind Einzelheiten, die sich ineinanderschieben, die ihre Konturen verlieren, die aber auch zeitlich durcheinandergeraten. Was mir vom Tode dieses Cafés geblieben ist, vom Sterben besser, das bis in die Morgenstunden dauerte, ist ein sich steigerndes Bacchanal: Zu Beginn ging es zu, wie es immer zuging, wir saßen bei Yvonne, André war gegen seine Gewohnheit auch schon da, das war das einzige Außergewöhnliche. Der russische Emigrant, der »Berufsrusse«, wie ich ihn nannte, war vielleicht eine Spur ausgelassener als sonst, ein Gymnasiallehrer aus La Chaux-de-Fonds hatte sich, um den Abschied zu feiern, möglicherweise noch mehr Mut als gewöhnlich angetrunken. Zugegeben, das alles ist irgendwie noch rekonstruierbar, auch daß ich, doch sonst ein Weintrinker, »Pflümli« trank, weil der Schnaps von der

Wirtin gespendet wurde, ist einigermaßen sicher. So soff ich denn schon von Beginn an verkehrt, wahrscheinlich alle, denn von den Pflümlis, Kirschs und Marcs ging man zum Wein über, zuerst zum Weißen, zudem noch zum Neuenburger, den allerdings auch James Joyce in der ›Kronenhalle‹ mit Vorliebe trank. Yvonne thronte auf ihrem Platz wie eine Königin. André beklagte den Niedergang der Kunst, Violine zu spielen, nur noch Isaac Stern ließ er gelten und vielleicht noch Nathan Milstein. Der Inspektor für Wald und See gründete mit mir eine Partei – und das bei der Bernerplatte, die nun aufgetragen wurde, was ich nachträglich zwar für unwahrscheinlich halte, aber jeder, der an diesem Abschiedsessen teilnahm, wird, sofern er noch lebt, ein anderes Menü nennen. Die Partei hatte zum Ziel, aus der Stadt Neuchâtel einen unabhängigen Kleinstaat zu machen nach dem Muster Monte Carlos. La Chaux-de-Fonds beschlossen wir freizugeben, es sollte die Hauptstadt des Kantons Jura werden, dem gleichzeitig der Berner Jura zugeschlagen werden könnte, ein Vorschlag, den ein anwesender Separatistenführer strikt ablehnte, während – wir waren inzwischen beim Roten – der Berufsrusse energisch seine Ernennung zum Fürsten von Neuchâtel verlangte, er sei von noch älterem Adel als die Romanows, und Dschingis-Khan sei einer seiner Vorfahren. Er scheiterte mit seinem Vorschlag. Inzwischen wurden die ersten Reden gehalten, Käse wurde aufgetischt, die selteneren Weine kamen dran. Zuerst wurde die Wirtin gefeiert, dann Yvonne. Dann schlug die Stimmung ins Patriotische um, in einer großen Rede definierte der Inspektor die drei wesentlichen Parteien, welche die Schweiz regierten, die christliche, die freisinnige und die sozialdemokratische, in der Weise, daß die erste an Gott, ans Vaterland und ans Geld, die zweite ans Vaterland und ans Geld und die dritte nur noch ans Geld glaube; der Regierungsrat hielt eine Rede gegen die Waadtländer, sie seien nichts anderes als Berner, die vorgäben, französisch zu sprechen; der Buchhändler, ein Waadtländer, behauptete, der Schnellzug Neuchâtel–Lausanne sei letzthin entgleist, weil er kurz nach Neuchâtel über eine Weintraube gefahren sei. Dann begann, bei den Würsten, der Berufsrusse seine Wut loszulassen, die sich seit Jahren in ihm gegen Neuchâtel zusammengebraut hatte, wo er ein erbärmliches Leben führte. Seine Haßtirade war von einer unbändigen Kraft, er zählte den Neuenburgern alle ihre Fehler auf, summierte ihre Sünden, potenzierte ihre Laster; seine russische Seele schäumte über, schoß über Neuchâtel hinaus, ergoß sich über die Schweiz, über dieses monströse Spießernest, das so erbärmliche Zwerge wie den ketzerischen Calvin und den gotteslästerlichen Zwingli hervorgebracht habe. Aber die Neuenburger wurden nicht zornig, im Gegenteil, sie feuerten ihn an, sie klatschten, riefen Bravo, je mehr der Berufsrusse schäumte. Das ganze Restaurant war überfüllt, was sich an den anderen Tischen abspielte, war von meinem Sitz nicht auszumachen, auf einmal wurde Champagner serviert, alles war sternhagelvoll, auch die Polizei. Die Partei, die der Inspektor für Wald und See mit mir gegründet hatte, spaltete sich in ihn und mich auf, er wollte in Neuchâtel einen zweiten Vatikan gründen, was ich als unrealistische Politik verurteilte; mein Übersetzer hielt eine Rede gegen die französische Musik; der Rektor der Universität sprach mich mit »Notre Aristophanes« an, ich ihn als »Mon cher Hérodot«, eine Anrede, die wir auch später beibehielten; ein stiller deutschschweizerischer Bankbeamter, der nie ein Wort sprach, aber aus irgendeinem Grunde die Sympathie Yvonnes gewonnen hatte, verlangte auf der Stelle, unter dem Tisch mit der Serviertochter zu schlafen; der Gymnasiallehrer aus La Chaux-de-Fonds, ein Jude, hielt eine Rede im Stil eines einheimischen Bundesrats, und alle stimmten die Nationalhymne an. Vom Ende des Cafés ist mir kaum etwas in Erinnerung geblieben, nur noch vage ein Herumtappen im geleerten Keller, ob noch einige Flaschen zu finden wären, dann das Erscheinen der Arbeiter am frühen Morgen, die mit dem Abbruch begannen. Die Tische und Stühle wurden abtransportiert, das Café ›Strauss‹ war tot. Man machte sich auf die Suche nach einem neuen Stammtisch und fand ihn im Café ›Du Théâtre‹, aber es war nicht mehr der alte, man kam nur noch gelegentlich zu Yvonne, das Essen war mittelmäßig. Yvonnes Stammtisch wurde immer trauriger, viele starben, sie ließ Leute zu, die sie vorher nicht zugelassen hatte. Auch war sie immer häufiger ans Bett gefesselt, und da die Leidenschaft der Neuchâteler ohnehin im Bridge liegt, war oft ihr Tisch verwaist, nur der neue Rektor der Universität, ein Theologe, saß dann dort und spielte mit dem Vorsteher der jüdischen Gemeinde Schach: Ormuzd und Ahriman, wobei ich nur nicht wußte, wer von den beiden Ormuzd und wer Ahriman war. Erinnere ich mich dieser Zeit, wird mir bewußt, wie sehr ich in den Innenraum meiner selbst abgedrängt worden bin: Schreiben wird schwieriger, je mehr sich das Erlebte, Verdrängte und Nicht-Erlebte anhäuft. Darum wohl die Schwierigkeit, die ich mit Neuchâtel habe: Meine Arbeit hat sich immer unerbittlicher zwischen mich und die Stadt geschoben. Ich nehme sie nicht mehr wahr. Nicht aus Mißachtung, sondern aus Selbstschutz. Und nicht nur sie. Oft fragen mich Besucher, wie ich mit den neun überlebensgroßen Figuren der ›Heilsarmee‹ von Varlin, mit diesem großen Bild in meinem Arbeitszimmer, zu schreiben vermöge: Wie könnte ich sie sehen, wenn ich schreibe (jetzt stehen sie in meinem Atelier). Und wer bewundert nicht unsere Aussicht? Mir wird sie selten bewußt, für Augenblicke, plötzlich. Vom Bauernhof im Talgrund trotteten an den Sommerabenden Kühe auf die Matte vor meinem Garten. In der Nacht tönte ihr Geläute bald nah, bald fern, und vor zwei Jahren drangen sie durch die offene Gartentür früh morgens herein. Die Hunde bellten und tobten, vertrieben die Kühe bis auf eine. Hilflos stand das große Tier halb in der Küche, als ich hinunterkam, glotzte mich an, dann flüchtete es in die Pergola, doch nahm die Kuh darauf nicht den Weg durch die immer noch offene Gartentür, sondern stand, dumpf muhend, halb eingebrochen auf dem Schutzdach über dem Hundehaus. Der Bauer, den ich anrief und der mit dem Traktor kam, starrte die Kuh verwundert an, sowas habe er noch nie gesehen, dann befreite er das Vieh aus seiner Lage. Es war Sommer, fünf Uhr. Ich ging durch den von Kühen befreiten Garten, blickte das Vallon hinunter, der See glänzte wie ein gewaltiger Spiegel herauf, ich sah alles wie zum ersten Mal, ich war im Weiten, nicht mehr wie einst in den Labyrinthen und Höhlen meiner Jugend, wo mich das Emmental mit seinen Tannenwäldern umfing. Dieses Jahr blieben die Kühe aus, die Nächte sind noch stiller als sonst, hin und wieder ein Flugzeug, erst gegen Morgen hallt es vom Bahnhof herauf. Die Veränderungen im Vallon stellen sich unmerklich ein: Konnte ich früher noch die Fußballspiele auf der Maladière durch das Fernrohr betrachten, sind nun die Bäume unten an der Rue Matile und in meinem Garten zu groß geworden; die katholische Kirche aus dem Ende des vorigen Jahrhunderts hat ihre einst englisch wirkende Pseudo-Gotik längst verloren, die Zinnen des roten Turms sind einem Architekten zum Opfer gefallen, der ihn zu modernisieren versuchte, erst jetzt ist der Turm echt häßlich. Die Linderung durch Nostalgie will sich nicht einstellen, es braucht ein weiteres Jahrhundert dazu. Die Stadt jedoch bleibt mir von unserem Haus aus nicht nur durch die bewaldete Seite des Tälchens verborgen, über die ich den See erblicke, sondern vor allem durch mich selber, war ich doch hierher gezogen, um an keinem Kulturleben teilnehmen zu müssen. Kultur mache ich selber, und ich gehe in Neuchâtel ebenso ungern ins Theater wie in Zürich oder in München. Ich gehe überhaupt nicht gern ins Theater. Aber gesellschaftliche Zwänge sind immer vorhanden, und so bin ich denn vor der deutschschweizerischen Kultur nach Neuchâtel geflüchtet. Nicht, daß ich hier vollkommen frei wäre. Zwar ist das Theater neben dem Stadthaus klein und baufällig – und ich war froh, daß es früher von der Gala Karsenty bespielt wurde, niemand verlangte von mir, daß ich es besuche –, aber wenn etwa das Théâtre de l'Est aus Straßburg mit dem *Romulus* und dem *Besuch der alten Dame* kam, war mein Erscheinen unerläßlich; ich saß dann wie auf Kohlen, gleichsam als ein Kulturträger, obwohl die Aufführungen unter der Regie Gignoux' vortrefflich waren. Doch spricht es nicht gegen die Stadt, daß die Pläne für ein neues Theater noch nicht verwirklicht sind. Besser kein Theaterleben als ein hochsubventioniertes mittelmäßiges, wie es in der deutschen Schweiz getrieben wird. Die heutige Zeit hat das Theater von der Bühne getrieben. Doch ist es nicht mein Verdienst, daß die natürliche Ordnung des Vallon de l'Ermitage so viele Jahre erhalten wurde. Ich verdanke sie meinem Nachbarn, dem Notar, einem alten Junggesellen, der etwa zweihundert Meter unter mir, bevor das Tal ansteigt, in einer alten Villa haust. Erst seit einiger Zeit grüßen wir uns wieder, wenn wir, möglichst weit voneinander entfernt, im ›Rocher‹ speisen. Ich grüße, höflich nickend, er grüßt pathetisch, die Höflichkeit übertreibend: ein alter Mann mit Charakter. Ihm gehört außer der steilen Matte unter meinem Garten und unter dem Felsen fast das ganze Vallon samt den baufälligen Bauerngehöften, deren Bewohner unter seinen Launen zu seufzen haben wie einst die Bauern unter den Landvögten: Der jetzige Bauer ist wohl schon der vierte, den wir erlebt haben. Als ich den Maître zum ersten Mal in seinem Büro in der Stadt aufsuchte, um mit dem zusammengepumpten Geld mein heutiges Wohnhaus zu erstehen, betrachtete er mich argwöhnisch. Zwar war er nur der Notar des Besitzers, aber doch die entscheidende Person. Ihm wagte niemand in der Stadt zu widersprechen, und schon gar nicht der alte Stadtingenieur, der mir das Haus verkaufen wollte. Ich sah meine Chancen sinken. Des Maître Argwohn war nicht unberechtigt. Meine Erscheinung war dubios. Ich trug einen langen Mantel, der mir viel zu weit war, das Geschenk eines Kammersängers, auch ihm war er zu weit geworden. Der Maître war befremdet. Doch schimmerte in seinem skeptischen Blick ein distanziertes Wohlwollen auf, als ich ihm auf seine Frage hin versicherte, daß wir keinen Hund besäßen – vorher war ein Mann bei ihm gewesen, der das Haus erstehen wollte, um ein Hundeheim zu errichten, und weil der Maître Hunde haßte, hatte er den Kauf verhindert. Meine Hundelosigkeit bewirkte, daß er mir keinen juristischen Widerstand entgegensetzte. Eine gewisse freundschaftliche Nachbarschaft bahnte sich an, im menschlich unterkühlten Neuenburger Klima freilich; der Maître war, wie viele im Kanton, ursprünglich ein Berner. Wir besuchten ihn einmal, und einmal besuchte er uns. Wir aßen in der »eingebauten« Bibliothek bei Kerzenlicht. Dann schenkte uns ein alter Oberst, den wir von Bern her kannten, seinen alten Hund. Der freundliche Patrizier trennte sich ungern von seinem Tier, aber es rief bei ihm eine Allergie hervor, und wir konnten seinem Bitten nicht widerstehen. Es war ein Cockerspaniel, ein Hund, der einen in Rage brachte, so hündisch war er. Er trennte sich nie von mir, lief mir nach. Ich schloß unbeabsichtigt Türen vor ihm, ein ständiges Gewinsel erfüllte das Haus, im Garten bellte er. Der Maître empfand diesen Hund als Treuebruch. Daß dessen Kläffen auch mich nervös machte, gebe ich zu. Leider begann der Maître seinen Kampf gegen unseren Hund mit eingeschriebenen Briefen, er schickte uns einen um den anderen ins Haus, statt mich bei einer guten Flasche Wein zu überreden, den Hund an einen weiteren Hundefreund zu verschenken, um so mehr, als ich eigentlich gar kein Hundefreund war, statt dessen machten mich seine eingeschriebenen Briefe zu einem. Auch war ich so unvorsichtig, im ›Strauss‹ vom Hundekrieg zwischen dem Maître und mir zu erzählen, und auf die Frage, was ich ihm denn geantwortet habe, flunkerte ich – mehr aus Verlegenheit, weil ich auf Briefe nie antworte, als aus Übermut –, ich hätte dem Maître geschrieben, seine Briefe meinem Hund vorgelesen zu haben in der Hoffnung, das Tier würde sie beherzigen. Meine Flunkerei geriet in die Zeitungen, und die Beziehungen zum Nachbar verschlimmerten sich. Wir grüßten uns nicht mehr. Der Cockerspaniel wurde uralt. Er lebte mit den Katzen zusammen, die wir damals hatten. Zuerst war es nur eine, wir hatten sie von der ›Festi‹ mitgenommen, aber sie warf jedes Jahr bis zu sechzehn Junge. Die ersten acht gab ich dem Bauern unten im Tal zum Töten. Er schaute mich an und nahm schweigend die Tiere. In diesem Augenblick begriff ich, daß ich in seinen Augen ein Feigling war: Wer Katzen hält, muß sie auch töten können. Der Bauer ging mit den Kätzchen davon. Von da an tötete ich die Kätzchen selber. Ich untersuchte sie, ließ der Mieze einen Kater und trug die anderen in den Obstgarten, grub ein Loch, warf sie hinein, schaufelte Erde darüber, stampfte die Grube zu, sechs Jahre lang, ich hatte über achtzig Kätzchen getötet, ich kam mir vor wie ein Katzen-Eichmann. Unser Haus wimmelte von Katern, die Mieze warf und warf. War sie soweit, schlich sie schnurrend um mich herum, setzte sich schließlich auf meine Schreibmaschine. Dann wußte ich, was ich zu tun hatte. Ich richtete ihr eine Kiste ein, mit Lumpen gefüllt, stellte Milch bereit, sie begann zu werfen und ich zu töten. Dann kam das große Katzensterben. Ein Arzt in Südfrankreich setzte einen Bazillus frei. Er wollte gegen Kaninchen vorgehen, die seinen Garten verwüsteten, sie verwüsteten ihn daraufhin nicht mehr, aber der Arzt löste eine Seuche aus: Die Bazillen griffen auch die Katzen an. Nicht nur die französischen, sondern auch die unsrigen, die Grenzen boten keinen Schutz. Die Kater wurden zuerst gelähmt, krochen im Haus umher, schrien jämmerlich und gingen nach drei Tagen ein. Zwei Wochen währte diese Sterberei. Nur die Mieze blieb am Leben. Ich ließ sie sterilisieren. Von da an veränderte sie sich, begann zu streunen, blieb endlich ganz fort. Der Cockerspaniel war allein, blind, auch sein Geruchssinn ließ nach. Am liebsten blieb er in der Küche. Wir kauften von einem Bauern im Jura einen Berner Sennenhund. Ein riesiges Tier. Doch hätte mich die Art, wie der Bauer den Berner Sennenhund behandelt hatte, stutzig machen sollen: Er behandelte ihn wie einen Hund, schlug ihn brutal, trat nach ihm. Buddy war ängstlich und wurde später gefährlich. Wir hatten für ihn einen Zwinger gebaut. Er tobte den ersten Tag darin, langsam gewöhnte er sich an uns, aber für den Maître war es zuviel. Er reichte beim Stadtrat eine Klage ein: Ich hätte unmittelbar an der Grenze zwischen den beiden Grundstücken, zwischen dem seinen und dem meinen, ein Gebäude errichtet. Der Stadtrat gab ihm den Bescheid, das Gebäude bestünde nur aus einer Mauer und einem Eternit-Dach, das Hundehaus darunter sei nicht als Gebäude zu bezeichnen. Der Groll meines Nachbars stieg. Der Berner Sennenhund war nicht zu halten, vom Dach des Zwingers gelangte er mit Leichtigkeit auf die Straße. Er trottete manchmal in die Stadt, legte sich vor irgendeine Haustür. Man telefonierte uns, man wage sich nicht vor die Tür. Mühsam schaffte ich den Hund nach Hause. Dann ließ sich das Vieh hinter der Hecke des Maître nieder, die Kinder riefen mich, Spaziergänger und Dreikäsehochs starrten durch die Hecke auf den beinahe bernhardinergroßen Sennenhund, im Garten stand steif und zornig der Maître. Ich wollte durch die Hecke den Hund wegführen, die Hecke war undurchdringbar, es blieb mir nichts anderes übrig, als den Umweg über das Bauernhaus im Talgrund zu machen. Doch der Maître herrschte mich an, den Weg durch seinen Garten zu benützen. Ich zögerte, die Kinder waren gespannt: Was wird Papi tun? Der Riesenhund zitterte vor Furcht, ich gehorchte ihm zuliebe dem Maître, ging durch seinen Garten, zog den Hund hinter der Hecke hervor, ging mit ihm durch den Garten zurück. Der Maître hatte gesiegt und begrüßte mich, seinen Sieg genießend, in tadellosem Deutsch. Ich schüttelte ihm die Hand, beschämt durch meine »Charakterlosigkeit«, und nahm mir vor, ihn von nun an zu ignorieren, und so ignorierten wir uns denn. Das Schicksal des Maître, meines und das des Berner Sennenhundes nahmen ihren Lauf. Alle drei blieben wir unseren Prinzipien treu, alle drei waren wir schließlich unserem Ursprung nach Berner. Der Sennenhund entwickelte sich langsam zu einer Bestie, die uns fanatisch bewachte. Meinen Vater, machte dieser einen Spaziergang, ließ Buddy nicht mehr in den Garten; einen Regisseur, der bei uns wohnte und frühmorgens im Schwimmbad zwischen dem unteren und oberen Haus badete, ließ er nicht mehr aus dem Wasser steigen, erst das Dienstmädchen rettete den halberfrorenen Theatermann; dann fiel er Menschen an, zuerst einen dänischen Journalisten. Ich hatte ihn zuerst nicht empfangen wollen, dann auf eine halbe Stunde eingewilligt – er mußte, nachdem ich ihn ins Spital geführt hatte, noch drei Tage bei uns bleiben. Dann biß er einen Bildhauer, dann einen Lehrer, der trotz meiner Warnung den Garten betrat – er wisse, wie man mit Berner Sennenhunden umgehe –, dann einen Freund meines Sohnes, dann noch einmal den Bildhauer, darauf die beiden Töchter unseres Garagisten – daß sie unser Auto zur Revision abholten, mußte das Vieh als Diebstahl empfunden haben –, er biß ferner den Imker, und endlich biß er den Wildhüter, vier Stunden wurde dieser im Spital genäht. Trotz der Fürbitten meiner Frau ging es nicht anders, ich mußte tun, was ich längst hätte tun sollen: Es war Weihnachten, der Baum angezündet, ich ging mit dem Berner Sennenhund zum Tierarzt, der uns seinerzeit das Vieh vermittelt hatte. Der Hund folgte mir willig, er liebte es, hinten im Auto zu sitzen. Auch beim Tierarzt ahnte er nichts, er leckte mir die Hand, als ihm der Tierarzt die Spritze gab, dann legte er sich ordentlich und langsam hin, wie er es immer tat, wie zum Schlafen. »Wann ist er tot?« fragte ich. »Jetzt«, antwortete der Tierarzt. Doch machte uns sein Tod weniger zu schaffen als jener des kleinen dreifarbigen Papillon, der wenige Meter unter unserem Haus überfahren wurde. Der Schmetterlingshund war eine Art kleiner Fuchs mit riesigen Fledermausohren und mit einem mächtigen Schweif, der ihm wie ein Wasserfall aus weißen Haaren auf den Rücken fiel. Wenn ich je einen Hund wirklich geliebt habe, so ihn, obschon er mich eigentlich auf Distanz behandelte. Nur wenn es gewitterte, drängte sich das Hündchen an mich, kratzte mich ungeduldig, wohl in Erwartung, daß ich imstande sei, das Gewitter abzustellen. 1969 fuhr meine Frau mit meiner Tochter und meiner Schwester in die USA. Ich hatte mein erstes Basler Jahr hinter mir. *König Johann* war uraufgeführt worden, später *Play Strindberg*, ich war nervös, voller Pläne, ich wollte arbeiten. Daß ich meine Familie vernachlässigte, spürte ich, sie sollten etwas erleben: eine Amerikareise würde ihnen guttun. Nun waren sie fort, Ostern kam, der Ostermontag, das Dienstmädchen hatte frei, meine Mutter war von Bern herübergekommen. Am Dienstag abend saß ich mit meinem Sohn im Arbeitszimmer. Wir sprachen über Theologie. So wie mein Vater einmal versucht hatte, mich zu überreden, Pfarrer zu werden, versuchte ich nun meinen Sohn zu überreden, nicht Pfarrer zu werden. Beide Versuche endeten erfolglos. Gegen ein Uhr ging ich ins untere Haus, vom Hündchen begleitet. Ich war müde. Ich kleidete mich aus. Auf dem Klo kam der Schmerz. Überfallartig. Ich glaubte zuerst an Sodbrennen, nahm Ebimar, ging zu Bett, das Hündchen kuschelte sich an meinen Hals, seine Wärme tat mir wohl, obgleich der Schmerz stärker wurde. Ich erhob mich, ging zur Bibliothek hinunter, holte mir den *Wendepunkt* von Klaus Mann – ein Buch, das mich einmal gelangweilt hatte –, um eine Stelle zu überprüfen, die einige Tage zuvor Peter Bichsel erwähnt hatte. Das Hündchen begleitete mich. In mein Schlafzimmer zurückgekehrt, legte ich mich wieder hin. Das Hündchen kuschelte sich an mich. Der Schmerz wurde brennender. Ich versuchte, mich durch Lektüre abzulenken, das Buch sagte mir nichts. Ich ärgerte mich, nicht ein anderes geholt zu haben, und hatte die Kraft nicht, ein anderes zu holen. Mein Leib war gebläht. Ich ging immer wieder ins Badezimmer, saß auf dem Klo. Das Hündchen folgte mir ängstlich, unruhig. Dann lag ich wieder im Bett, von der Brustmitte bis unter das Kinn war der Schmerz schneidend, die linke Achsel schmerzte, auch der linke Arm, die linke Hand kribbelte. Das Hündchen rutschte nach oben, als wollte es nicht auf meiner linken Schulter lasten. Ich wußte, daß ich einen Herzinfarkt hatte, aber ich las ruhig im Buch weiter, das mich nichts anging, stur – ich hätte ebensogut das Telefonbuch lesen können –, den kleinen Kopf des Hündchens an meine Wange geschmiegt. Manchmal ging ich im Schlafzimmer auf und ab, der Schmerz füllte mich so unerbittlich aus, daß ich mich gleichsam auf ihn konzentrieren mußte, um am Leben zu bleiben. Ich war vollkommen teilnahmslos, nahm kaum das Hündchen wahr, das, wenn ich im Zimmer auf und ab ging, sich in der Mitte des Zimmers niederließ. Es fiel mir nicht ein, meine Mutter zu wecken, die nebenan schlief. Ich hatte sie vergessen, auch meinen Sohn im oberen Haus rief ich nicht an, auch ihn hatte ich vergessen. Ich kam einfach nicht drauf. Nur daß ich meine Frau nicht mehr sehen würde, war traurig, wenn ich auch zu apathisch war, traurig zu sein. Es fiel mir ein, es sei eigentlich am schönsten, sich auf französisch zu verabschieden. Dann langte ich wieder zum Buch, etwas verwundert über meine offenbar letzte Lektüre – was ging mich Klaus Mann an? –, stellte fest, daß sich Peter Bichsel geirrt hatte, las trotzdem mechanisch weiter, um den Schmerz zu betäuben. Sterben hatte ich mir anders vorgestellt. Gegen halb sieben schlief ich ein, um halb acht wachte ich auf, die Schmerzlosigkeit weckte mich. Das Hündchen lag zusammengerollt neben mir. Ich dehnte mich, glücklich: falscher Alarm. Ein unbeschreibliches Gefühl von Gesundheit durchflutete mich, als plötzlich der Schmerz auf mich niederbrach, mit voller Gewalt. Es war, als würde meine Brust von einem Messer zerfleischt, doch im gleichen Augenblick wurde ich aktiv, vielleicht weil es gegen diesen Schmerz keinen Schutz gab. Ich nahm das Telefonbuch, versuchte einen Arzt zu finden, ein Name schwebte mir vor, ich wußte ihn nicht mehr. Ich telefonierte meinem Sohn, er solle mich zu einem Arzt bringen, zu irgendeinem, ich kleidete mich an; ging hinunter, vom Hündchen begleitet. Das Dienstmädchen war aus den Ferien zurück, schaute mir angstvoll entgegen: Ich sei krank, schrie ich es an – sinnlos –, wo mein Sohn sei. Er wartete schon im Wagen, führte mich in die Stadt. Es war nicht leicht gewesen, einen Arzt zu finden, die meisten waren noch in den Ferien, und schon lag ich auf der Untersuchungsliege: Elektrokardiogramm,

Blutentnahme, langes Herumtasten und -drücken am Unterleib, endlich bekam ich den Bescheid: Magenentzündung, das sei jedoch nicht das Bedenkliche, meine Leber sei geschwollen, bei 600 Blutzucker, ein Sanatorium sei dringend zu empfehlen. Das einzige gesunde Organ sei mein Herz. Eine unbändige Freude erfaßte mich. Der Schmerz hatte zwar noch nicht nachgelassen, aber der Arzt verschrieb mir ein Mittel, ich kaufte gleich zwei Flaschen einer milchigen Flüssigkeit, Maloxon, mit dem Zucker würde ich schon fertig werden. Zu Hause ging ich erleichtert zu Bett. Das Hündchen schmiegte sich wieder an mich. Der Schmerz blieb. Ich trank eine Flasche der milchigen Flüssigkeit aus, schlafen konnte ich nicht. Am Abend ging ich ins obere Haus, ich wollte, um mich abzulenken, im Fernsehen ›Mit Schirm, Charme und Melone‹ sehen. Das Steigen machte mir Mühe. Ich ging wieder mit dem Hündchen ins untere Haus. Mit meiner Mutter versuchte ich ein Gespräch – die zweite Flasche Maloxon in Angriff nehmend –, meine Mutter war gut gelaunt, ich hatte ja nur eine harmlose Magenverstimmung. Das Hündchen lag auf meinem Schoß, während meine Mutter vom Tod meiner Großmutter erzählte, lachend berichtend: Ich sei, dreijährig, zu ihr gekommen, besorgt, die Großmutter komme nicht in den Himmel, sie sei zu dick, sie werde sicher im Kamin steckenbleiben. Indem sie so plauderte, dachte ich an Varlin, wie er mich mit dem Hündchen auf dem Schoß gemalt hatte, kaum daß ich meiner Mutter zuhörte. Ich ging mit dem Hündchen zu Bett, nahm Valium und Peroben, der Schmerz ließ nach, nur noch hin und wieder ein Brennen, ich schlief ein, das Hündchen an mich gekuschelt. Am nächsten Tag wachte ich ohne Schmerzen auf, blieb bis gegen Mittag liegen. Beim Mittagessen war ich so schwach, daß ich kaum den Löffel zu heben vermochte, ich wurde nun doch stutzig. Ich versuchte meinen Arzt in Bern anzurufen, er war mit seiner Familie in den Ferien, das Spital wollte mir seine Adresse nicht geben, plötzlich ahnte ich, wo ich ihn erreichen konnte. Es war wie eine Eingebung, am Abend hatte ich ihn am Telefon. Er sagte, mein Sohn solle mich morgen in die Praxis nach Bern fahren. Mein Sohn führte mich hin, ich nahm nichts mit – ich war immer noch von der Diagnose des Neuenburger Arztes überzeugt –, das einzige, was ich befürchtete, war eine Erhöhung der täglichen Insulineinheiten. Der Arzt, ein Freund seit langem, untersuchte mich, stellte zuerst meinen Blutdruck fest, sagte entgegen seiner Gewohnheit kein Wort, entnahm mir Blut, gab es seiner Laborantin, bereitete das Kardiogramm vor, sein Schweigen bewahrend, dann schnitt er das Kardiogramm zurecht, legte die verschiedenen Abschnitte auf eine Kommode, betrachtete sie, sagte: »Komm.« Ich erhob mich, ging zu ihm, starrte verständnislos auf das Kardiogramm, fragte: »Nun?« »Herzinfarkt«, antwortete er. Dafür war der Zucker in Ordnung. Die Diagnose war ein Schock. Der Arzt handelte kaltblütig: Wenn ich schon drei Tage überlebt hätte, könne ich nun ganz gut zu ihm nach Hause zum Mittagessen kommen. Ich aß nur wenig. Nachher ging mein Arzt mit mir in die Stadt. Er spielte den Unbesorgten, aber ich spürte, wie er mich beobachtete. Wir betraten eine Buchhandlung. »Such dir Bücher für sechs Wochen aus«, forderte er mich trocken auf. Ich wählte *Fischers Weltgeschichte*, dreißig Bände, worauf wir mit einem Taxi ins Spital fuhren. Ich fühlte mich elend und niedergeschlagen. Mein Sohn war inzwischen nach Neuchâtel gefahren und mit dem Nötigen schon wieder zurück, unter anderem auch einige Bände Proust, ich hatte ihn bis jetzt nie zu Ende lesen können. Später brachte er auch einen Haraß von den besten Flaschen meines Kellers. Die erste Nacht verlief unruhig, der Arzt wurde wieder an mein Bett gerufen. Obgleich niemand wußte, wo sich meine Frau und meine Tochter in den USA aufhielten, waren sie zwei Tage später bei mir. Meine Frau hatte zufällig in Chicago das Swissair-Büro aufgesucht und auf die Nachricht meiner Erkrankung hin meinen Arzt angerufen, auch war schon alles für ihren Rückflug vorbereitet worden. Die langen Wochen im Spital begannen, ein verbissener Kampf, meine Aktivität wiederzugewinnen, die unseligen Besuche von Schriftstellern, die nicht begriffen, daß sie mich in meinem Zustand nicht zu interessieren vermochten, weder ihr Schreiben noch meines, daß ich mich aus Selbstschutz selber unterhielt, um mich nicht noch mit ihnen beschäftigen zu müssen. Von der *Fischer-Weltgeschichte* las ich zuerst Band 16, ›Zentralasien‹, es schien mir am besten, möglichst Unbekanntes zu lesen. Proust erwies sich als ungeeignete Lektüre: Ich las mich in eine wahre Animosität gegen das Ich hinein, das sich als Proust ausgibt. Endlich, nach Neuchâtel zurückgekehrt, fuhr mich meine Frau nach Schuls im Unterengadin. Es war Juni, auf dem Vorarlberg Schneegestöber. Das Hotel lag mitten im Dorf. Ich rappelte mich nur mühsam auf. Die Schwierigkeiten, die sich das Basler Theater selber bereitete, begannen bis nach Schuls vorzudringen. Frisch, der mich schon in Bern besucht hatte, hielt sich in Tarasp auf. Unseren letzten Abend, den wir zusammen verbrachten, hat er in seinem *Tagebuch* festgehalten: »Es stimmt nicht, daß er nicht zuhören könne. Als der Wirt in Schuls sich an unseren Tisch setzt und einiges zu melden hat (wie die Bündner etwa einen Aga Khan ausnehmen) und dann allerdings nur noch quatscht, ist Friedrich Dürrenmatt ein Herkules im Zuhören; es kommt auf den Partner an.« Schade, daß Frisch nicht auch zuhörte. Zwar habe ich die Geschichte mit dem Aga Khan vergessen, aber nicht, was der Wirt von den Unterengadinern in Schuls erzählte, so von einem Schreiner, von dem der Wirt glaubte, er sei der einzige, der nur Romanisch zu sprechen vermöge und kein Deutsch verstehe. Er fand ihn eines Morgens, wie er, auf einem Schemel stehend, die Handflächen gegen ein Stück Decke preßte. Der Wirt fragte auf romanisch, was der Schreiner denn mache. Dieser ließ die Hände von der Decke, schaute nach oben und sagte auf deutsch: »Gott gebe, daß es klebe.« Dann, vom Schemel heruntersteigend, fügte er bei, indem er wieder zur Decke hinaufblickte: »Und Gott gab, daß es klab.« Nach diesem Abend sollte ich Frisch acht Jahre nicht mehr sehen, wir begegneten uns erst wieder bei Varlins Beerdigung. Im Juli kehrten meine Frau und ich nach Neuchâtel zurück. Irgendwann wohl in diesem Sommer besuchte mich André noch einmal, noch einmal hörten wir Musik, meine Frau lachte über unser Schweigen. Kurze Zeit darauf ist er gestorben, die Umstände sind mir nur noch wirr und widersprüchlich in der Erinnerung. Er rief mich an, er sei in Barcelona gewesen, im ›Ritz‹, und habe einen Schwächeanfall erlitten, darauf habe er den Champagner entdeckt, der habe ihn geheilt, es sei ihm oft schwer auf der Brust, doch der Champagner nehme ihm die Schwere. Ich ahnte, daß ich zum letzten Mal seine Stimme hörte. Yvonne kam in ein Altersheim in Bern. An den verlassenen Stammtisch bin ich kaum mehr gegangen, meist saßen fremde Leute dort. So blieb uns nur noch der Maître. Einmal war ein Brief von ihm gekommen, er war nicht zu entziffern, vielleicht wollte ich ihn auch nicht entziffern können. Einmal hatte ich ihn in Venedig gesehen, wir gingen aneinander vorbei. Er ist ein Charakter, ich bin ein Charakter, und so verloren wir fast dreißig Jahre vor lauter Charakter viel aneinander. Daß die Rechnung zu meinen Gunsten aufgeht, gebe ich zu: Ich verdanke ihm viel, er mir nichts. Dank seiner Einsicht, daß man dort lebt, wo man wohnt, und um seinem Leben, das wie jedes Leben ohnehin flüchtig ist, einen gewissen Anschein von Dauer zu geben, ließ er das Vallon de l'Ermitage unberührt und verkaufte kein Bauland. Noch ist es das Tal für die alten Leute vom Heim an seinem Eingang, für Sonntagsspaziergänger und für Verliebte geblieben; und die steile Matte unter meinen Häusern habe ich, um Spekulationen zuvorzukommen, erworben. Aber die Zeit ist mächtiger als der Mensch und seine Absichten. Schon mußte ich einige Bäume fällen, die ich einmal gepflanzt habe. Zwar entwickelte sich die Stadt den See entlang und über dem Kantonsspital gegen den Chaumont hinauf, aber Veränderungen künden sich auch für das Vallon an. Die Stadt plant Grandioses: sie möchte nicht nur wie jede Schweizer Ortschaft ihren Autobahnanschluß, sondern auch eine Autobahndurchfahrt; warum ist nicht auszumachen. Gegen Biel hin ist die Ebene zwischen dem Neuenburger See und dem Bieler See schon durch eine Autobahn verschandelt worden, die eigentlich sinnlos ist, da sie im Bernischen in eine Autostraße mündet. Es ist, als ob Neuchâtel, dessen Reiz es ist, die Gegenwart verpaßt zu haben, die Zukunft nicht verpassen möchte. Doch, um gerecht zu sein, wurde nur eine verschandelte Gegend doppelt verschandelt: Jahre vorher wurde in der Ebene zwischen den beiden Seen die Raffinerie Cressier errichtet mit jenem Sinn, der die Schweizer im allgemeinen auszeichnet: an den gefährlichsten Stellen das möglichst Gefährlichste zu errichten. Der Kanal zwischen dem Neuenburger und dem Bieler See führt je nach Pegelstand das Wasser auch noch in den Murtensee oder umgekehrt, endlich, nach einigem Hin und Her fließt alles in die Aare: Cressier ist eine von den vielen tickenden eidgenössischen Zeitbomben. Nun wird die Autobahn, die schon an der Raffinerie vorbeiführt, bei St-Blaise unterbrochen. Sie setzt sich erst hinter Neuchâtel fort. In der Hoffnung, in zehn Jahren einmal Yverdon, ja Lausanne zu erreichen, kann man auf ihr fast bis Boudry rasen, 12 km etwa, mit pompösen Anschlüssen für die Weindörfer, diese gleichsam unter Quarantäne stellend, nimmt sie dort ein jähes Ende. Dem Projekt steht offensichtlich die Stadt im Wege. Für die zehn Minuten, die man im Spitzenverkehr braucht, zweimal am Tage, sie zu durchqueren, beschloß man sie zu untertunneln. Damit wird die Stadt gleichsam verschwinden, muß ich doch ohnehin jedesmal im Ausland umständlich erklären, wo Neuchâtel liegt. Bald wird der Fremde unter der Stadt hindurch- und an ihren Gestaden vorbeisausen, ohne Neuchâtel zu bemerken. Die Planer gingen behutsam vor. Zuerst schütteten sie das Seeufer auf unter dem Vorwand, dort die Autobahn zu bauen, und in der Gewißheit, die Bevölkerung würde sich zur Wehr setzen. Sie setzte sich zur Wehr. Das neugewonnene asphaltierte Gelände dient als Parkplatz, der sich zwischen Stadt und See schiebt. Dann ließ man den Bundesrat in Bern sich für den Tunnel entscheiden, den die Planer in Neuchâtel wollten: Wenn sich überhaupt etwas planen läßt, dann durch unsere obersten Behörden – sind sie doch ohnehin dabei, das Volk der Hirten in ein Volk der Maulwürfe zu verwandeln. Im Vertrauen auf ihr Funktionieren begann man zu sondieren, überall bohrte man, und weil ein Autobahntunnel auch einen Kamin braucht, die Gase abzuziehen, wurde dieser im Wald, in der Nähe meines Hauses, über dem Vallon de l'Ermitage geplant. Doch das Tälchen ist beliebt. Es bildete sich gegen den Abgaskamin ein Komitee, und eines Tages versammelten wir uns auf dem Felsen, etwa fünfzig Männer. Das Wetter war unfreundlich, regnerisch und kalt. Wir standen auf dem Rocher de l'Ermitage, zu unseren Füßen mein Anwesen, das Tal, die Stadt, der See, über den sich die Regenwolken wälzten. Der Stadtingenieur und der Vertreter einer Zürcher Firma, die den Tunnel zu bauen hatte, erläuterten ihren Plan. Über meinem Wohnhaus flatterte eine kleine Fahne, scheinbar tief im Wald. Da es regnerisch sei, meinte der Stadtingenieur, wäre es eine Zumutung, dorthin zu gehen, deshalb habe er auch die Versammlung auf dem Felsen organisiert, von hier aus sei der Überblick am besten, die Fahne sei sichtbar, alle könnten sich überzeugen, der Standort sei abgelegen und störe niemanden. Doch ließ sich die Versammlung nicht abschrecken, man sei nun einmal zusammengekommen und wolle den Standort des Kamins besichtigen. Der Stadtingenieur mußte nachgeben. Wir stiegen die Steinstufen hinunter, die zum Felsen hinaufführen, und gingen auf einem schmalen Waldweg zum Ort, wo der Kamin geplant war. Wir standen in einer kleinen Lichtung, in deren Mitte die Stange mit der Fahne errichtet worden war. Um die Fahne herum waren kleine Büsche und Stauden, und bei jedem dieser Gewächse ein braun angestrichener Pflock, auf dessen abgeschrägter Oberfläche auf einer grünen Tafel der botanische Name des Gebüsches oder der Staude geschrieben stand. Zwei Männer in einem blauen und in einem weißen Trainingsanzug kamen den Waldweg entlanggerannt, Jogger, der Waldweg gehört zu einem Vita-Parcours. Der Stadtingenieur wurde unsicher, der Kamin sei noch nicht endgültig beschlossen, auch sein Standort nicht, es dauere noch Wochen, bis sein Standort bestimmt werden könne, aber das Projekt des Straßentunnels müsse der Bevölkerung vorgelegt werden können. Ein Notar warf ein, zum Projekt des Straßentunnels gehöre das Projekt des Abgaskamins, wenn diese beiden Projekte nicht gleichzeitig der Bürgerschaft vorgelegt würden, könnte der Kamin gebaut werden, ohne die Bevölkerung zu fragen. Der Stadtingenieur fragte, ob der Notar etwa der Behörde mißtraue. Der Notar antwortete, er mißtraue prinzipiell jeder Behörde, und ein Professor für Geologie schlug vor, den Abgaskamin bei der Carrière de Tête plumée zu errichten. Er war der einzige, der etwas von diesem Steinbruch wußte. Es gab am Südhang des Chaumont deren viele, aus ihnen wird der Jurastein geschnitten; erreicht der Steinbruch eine bestimmte Größe, wird er stillgelegt. Auch der Steinbruch, zehn Minuten von meinem Haus, ist stillgelegt. Einer der heimlichen Herrscher lagert seine Riesenmaschinen darin. Aber nun wollten alle die Carrière de Tête plumée sehen. Sie sei ganz in der Nähe, sagte der Professor, man könne mit dem Wagen zu ihr gelangen. Es wäre nicht nötig gewesen, die Carrière de Tête plumée befand sich kaum fünfhundert Meter über meinem Haus im Wald. Ich hatte sie nur nie bemerkt, weil ein schlecht asphaltierter Weg zu ihr führt und ich bei meinen Waldspaziergängen mit meinen Hunden geteerte Wege hasse, ich spüre gern den Waldboden. Die Autokolonne hielt. Ich steuerte meinen Wagen in einen Seitenweg und folgte mit meinem Rechtsanwalt den Männern, welche die Straße nun zu Fuß weiter hinanstiegen. Um sie nicht zu steil werden zu lassen, hatte man eine Mauer gebaut, über welche die asphaltierte Straße führte, dem Aussehen nach eine Art Rampe, nach der Mauer vermochte sich die Straße dem kegelartigen Terrain wieder anzupassen. Daß die Autokolonne jedoch angehalten hatte, lag daran, daß nach der Mauer die Straße mit einer Eisenstange versperrt war, die als Barriere diente, neben der Barriere stand ein zerfallener Schuppen. Die Eisenstange ließ sich nur mit einem Schlüssel heben, was zur Folge hatte, daß die Mannschaft der Lastwagen – besaß sie den Schlüssel nicht oder hatte sie ihn vergessen oder war sie zu faul weiterzufahren – den Abfall über die Mauer in den Wald kippen ließ; der häßliche Abfall machte denn auch die Mauer beinahe schon unsichtbar. Wir umgingen die Barriere, die nur die Wagen am Weiterfahren hinderte, folgten der nun schwarz und unordentlich geteerten Straße, die eigentlich diesen Namen nicht mehr verdiente, es schien, als sei von oben her Teer heruntergeflossen, links von uns Wald, totes Gehölz, abgestorbene, von Efeu erstickte Bäume, zu unserer Rechten lagen Haufen von gelbem Neuenburger Gestein, dazwischen immer wieder Teer, Asphaltplatten, Plastik, Altmetall, in wildem Durcheinander, vor uns am Horizont, dem wir entgegenstiegen, einzelne Lärchen vor dem wolkenverhangenen, regennassen Himmel. Dann waren wir oben und befanden uns am Rand eines Kraters, ein Eindruck, der dadurch entstand, daß das südliche Ende des Steinbruchs, den man aus dem Bergrücken geschnitten hatte, von einem aufgeschütteten Erdwall abgeschlossen worden war. Vom Westen heraufgestiegen, standen wir dort, wo sich der Erdwall wieder mit dem natürlichen Terrain vereinigte. Uns gegenüber lag die Ostwand des Steinbruchs, nackter Jurafels, weißer Kalkstein in parallelen Schichten, geneigt wie der Bergrücken, als wären dicke vergraute Teppiche aufeinandergelegt, die Nordseite des Steinbruchs war ebenfalls aus nacktem Jurafels, und darüber war eine Betonrampe errichtet, auf der ein organgefarbenes Ungetüm von einem Tankwagen stand, umgeben von Müllarbeitern in orangefarbenem Schutzanzug, aus dem Tankwagen schoß ein gewaltiger schwarzer Dreckstrahl über die Betonrampe und über den weißlichen Jurafelsen ins Kraterinnere zu unseren Füßen. Es war, als ob ein Dinosaurier an Durchfall litte: Die Scheiße prasselte in einen schwarzen öligen See, besät mit Plastikflaschen. Eine merkwürdige Andacht hatte sich über die Männer gesenkt. Der Anblick war allen genierlich. Der Steinbruch war die Abfallgrube von Neuchâtel. Die Deponie: Solche Orte touchieren jeden Patriotismus. Was die Straßenarbeiter aus der Kanalisation oder aus den Senklöchern pumpten, kam in dieses anrüchige Riesenloch hinein, wohl auch der Klärschlamm der Kläranlage, früher auch die Heizölrückstände, die noch jetzt nicht versickert waren. Langsam sinterte diese dunkle Dreckbrühe zwischen den Felsschichten hinab, auf denen weiter unten mein Wohn- und Arbeitshaus standen, und fraß sich dem See entgegen, an dessen Steinhängen und aufgeschütteten Ufern die Stadt liegt. Wir kehrten schweigend heim. Als ich einmal später wiederkam, stieg eine Wolke großer schwarzer Vögel auf, Krähen, Blutgeruch hing über der Deponie. Sie stank nach Mord. Ich warf einen Stein in die schwärzliche Brühe, er versank langsam,

Luftblasen bildend, es formte sich ein träger Strudel, der sich rötlich färbte. Vom Rande der Deponie aus war der See bis weit gegen Yverdon zu sehen, eine idyllischer gelegene Deponie ließ sich kaum vorstellen. Und wenn ich diesen Ort immer wieder besuche und ihn Freunden zeige, so nur, weil mich dann die Erinnerung an das Dorf überfällt, in welchem ich aufgewachsen bin. Wir Kinder hatten oft in seiner Abfallgrube gespielt, die rostigen Speichen, die verrotteten Milchkessel, die zerbrochenen Nähmaschinen usw. verwandelten sich in phantastische Spielzeuge, und abends liebte ich es, mit dem Velo meines Vaters bei untergehender Sonne dorthin zu fahren, am alten Friedhof vorbei, über die Brücke, am neuen Friedhof vorbei; noch war dort kein Haus, ein Feldweg führte in die Ebene zur Abfallgrube; ich bildete mir ein, in einem Schiff über einen unermeßlichen Ozean zu gleiten, redete laut vor mich hin, fuhr wieder zurück und wieder heran, bis die ersten Sterne sichtbar wurden, und dann fuhr ich nach Hause. Und wie ich nun da stand, zum erstenmal, am Rande dieses verlorenen Kraters, angefüllt mit diesem widerlichen Brei von Fäkalien und Klärschlamm, hineingesenkt in den Wald über meiner Wohn- und Arbeitsstätte, wußte ich erst, ein Vierteljahrhundert nachdem es mich in diese Gegend verschlagen hatte, an diesen See und über diese Stadt, wo ich eigentlich lebe. Ich wußte noch mehr: Der Schauspieler Hans Christian Blech erzählte mir einmal, er sei im Zweiten Weltkrieg in Rußland beim Vormarsch der deutschen Armee einer Strafkompanie zugeteilt gewesen. Eines Spätnachmittags, vorgestoßen ins Leere, ohne Nachschub, sei er in der anbrechenden Dämmerung allein losgezogen, Nahrung aufzutreiben. Ein Bauer habe ihn in einen Wald gewiesen, wo er eine

Lichtung voller Eierschwämme gefunden habe, noch nie habe er so viele Pilze gesehen; vollbepackt mit Eierschwämmen sei er zur Strafkompanie zurückgekehrt. Zwei Jahre darauf, beim Rückzug der deutschen Armee, sei er wieder um die gleiche Jahreszeit in die Nähe dieses Waldes gekommen, er habe sich wieder aufgemacht, die Lichtung zu finden, die Lichtung sei umzäunt gewesen, und über dem Eingangstor war ›Katyn‹ geschrieben, der Name des Waldes, in welchem Stalin die polnischen Offiziere zu Tausenden ermorden ließ. Daran müsse er immer denken, sagte der Schauspieler, wenn er den Woyzeck spiele und zur Stelle komme, wo er zum Arzt sagen müsse: »Die Schwämme Herr Doktor. Da, da steckts. Haben Sie schon gesehn in was für Figuren die Schwämme auf dem Boden wachsen? Wer das lesen könnt.« Jetzt können wir diese Figuren lesen. Durch die Assoziationen, die sie hervorrufen. Die Abfallgrube meines Dorfes konnte noch durch die Kinder in einen Spielplatz verwandelt werden, die riesige Deponie oberhalb des Vallon de l'Ermitage nicht mehr. Die Abfallgruben meiner Jugend sind nicht mehr jene von heute. Diese sind Zeichen, die andere Assoziationen erwecken, Bilder von Mordtaten, Visionen von Menschendeponien wie Auschwitz. Die Figuren der Schwämme sind zu den Figuren geworden, welche die Menschen auf der Erde hinterlassen werden: Atommülldeponien als die einzigen Zeugen, daß es den Raubaffen Mensch einmal gab. Erst wenn jene zerstrahlt sein werden, wird der Planet, der uns geschenkt worden war, um uns hervorzubringen, wieder jungfräulich sein.

Nachschrift 81: Der Winter tat weder den neuen Schäferhunden noch mir gut. Der Schnee kam zu früh, blieb liegen, vereiste. Die Rehe kamen schon zur Zeit meiner Spaziergänge den Wald herunter, der Rüde – er ist seit drei Jahren bei uns – mußte an die Leine, die Hündin – gleich alt wie der Rüde und nur wenige Wochen länger bei uns – ließ ich frei: Sie ist zu verspielt, den Rehen gefährlich zu werden. Die Polizei war anderer Meinung. Ich ließ die Spaziergänge bleiben. Das Eis und der aufgeregte Hund an der Leine machten sie zu mühsam. So befand ich mich denn an meinem sechzigsten Geburtstag nicht in besonders guter Verfassung, auch war ich verlegen, daß Neuchâtel mich feierte, doch spürte ich plötzlich, daß ich ein Neuenburger geworden war, man ist nicht ungestraft die Hälfte seines Lebens in einer Stadt. In Zürich, für dessen Schauspielhaus ich geschrieben und gearbeitet hatte und wo sich doch die meisten meiner Freunde befinden, fühlte ich mich fünf Tage später durchaus nicht als Zürcher. Ich hatte mich nie als solcher gefühlt, auch als Stadtberner nicht oder als Basler, auch war das Schauspielhaus von Polizisten bewacht, draußen hatten sich die »Jugendlichen« formiert, waren doch der Staats- und der Stadtpräsident anwesend. So feierte man mich denn eingeschlossen, unter Quarantäne. Ging es in Zürich offiziell zu, so in Neuchâtel familiär. Nicht nur, daß der Enkel jenes Pfarrers – zu dem ich vor mehr als vierzig Jahren in sein Ferienhaus nach La Tourne geradelt war, wobei ich zum erstenmal Neuchâtel durchquerte – zu Beginn Bachs ›Chromatische Fantasie und Fuge‹ spielte, auch der Konolfinger Jodlerchor paßte plötzlich in seiner Selbstverständlichkeit besser zu mir als in Zürich die Aufführung des *Romulus*. Beim Spiel des jungen Pianisten dachte ich daran, wie ich seinen Großvater zum letzten Mal gesehen hatte: Er war von Rochefort nach Zürich übergesiedelt und lag sterbend in einem kahlen Parterrezimmer gegen die Straße hinaus in irgendeinem gespenstischen kleinen Spital; und bei den Konolfingern dachte ich, ob wohl einer von ihnen einer jener stämmigen Bauernburschen gewesen sei, die mich damals verprügelt hatten und verprügeln konnten, da sie älter als ich waren, und dann kam mir in den Sinn, daß ich jetzt ja älter war als die weitaus meisten von den Jodlern mit ihrer hellbeigen Tracht und den schwarzen flachen Hüten und daß nur einige gleich oder fast so alt wie ich sein konnten. Als sich der Saal der Cité universitaire, in welchem die Feier stattfand, langsam geleert hatte, bemerkte ich in der hintersten Reihe einen Greis, den ich nicht wiedererkannte, so hatte er sich verändert. Es war der Maître. Ich ging zu ihm. »Je suis un encore là«, sagte er. Später ging ich mit dem Rektor und einigen Bekannten zur Stadt hinauf, nach der Feier hatte die Behörde bei Liechti im ›Rocher‹ ein Essen vorbereiten lassen. Mein Arzt aus Bern begleitete mich, wir stiegen eine Treppe gegen den Bahnhof hinauf, die kein Ende zu nehmen schien, ich spürte beim Arzt die gleiche Besorgnis mir gegenüber wie damals, als er mich zur Buchhandlung begleitete, meine Lektüre für den Spitalaufenthalt auszuwählen. Bei Liechti, wo die anderen schon versammelt waren, traf ich den Maître wieder. Er war auf meinen Wunsch eingeladen worden, doch er bestand darauf, die Stadt hätte ihn eingeladen. »Nous payerons quand-même«, stellte er fest. Dann blieb er bis gegen elf. Ein Freund Liechtis, ein Wirt, bei dem ich bisweilen esse, brachte ihn nach Hause. Ich verabschiedete mich: »Au revoir, Maître.« Und er sagte: »Le Maître, c'est vous, car je ne suis qu'un centimètre.« Das erste Mal, daß er untertrieb. Als ihn der Wirt nach Hause geführt hatte, befahl der Maître dem Wirt hineinzukommen. Der Wirt, ein gemütlicher Deutschschweizer, gehorchte. Der Maître setzte sich in seiner Halle in einen Lehnstuhl, legte die Füße auf einen Sessel und befahl: »Enlevez-moi les chaussures!«

Georg Büchner und der Satz vom Grunde

Dankesrede zum Georg-Büchner-Preis 1986
der Deutschen Akademie für Sprache und Dichtung
1986

Alles, was Georg Büchner unternahm, tat er aus Leidenschaft und gab vor, er tue es, um Geld zu verdienen, was er auch verdienen mußte, da er sich seit 1835 darauf vorbereitete, in die Schweiz zu emigrieren. Zwar schrieb er 1836 aus seinem Straßburger Exil an Gutzkow, der in Mannheim eine dreimonatige Gefängnisstrafe einen Monat lang hatte absitzen müssen wegen verächtlicher Darstellung des Glaubens der christlichen Glaubensgemeinschaften, er sitze *auch* im Gefängnis und im langweiligsten unter der Sonne, er habe eine Abhandlung geschrieben in die Länge, Breite und Tiefe, Tag und Nacht über der ekelhaften Geschichte, er begreife nicht, woher er die Geduld hergenommen, er habe nämlich die fixe Idee, im nächsten Semester in Zürich einen Kurs über die Entwikkelung der deutschen Philosophie seit Cartesius zu lesen; dazu müsse er sein Diplom haben und die Leute schienen gar nicht geneigt, seinem lieben Sohn Danton den Doktorhut aufzusetzen. Was sei da zu machen gewesen? Doch scheint die Abhandlung, auf die Büchner in seinem Brief an Gutzkow anspielt, jene über Cartesius, wie sich Descartes latinisierte, und Spinoza, die beide versuchten, vermittels einer mathematischen Methode streng rationalistisch Metaphysik zu treiben, nicht nur unter dem Aspekt wichtig, die auf sie folgende deutsche Philosophie darzustellen, die Beschäftigung mit der englischen wäre als Vorbereitung ebenso notwendig gewesen. Die Vermutung ist nicht ganz abzuweisen, er habe versucht, vermittels der beiden mit Leibniz' letzten radikalen Metaphysiken zu überprüfen, wie weit mit der Mathematik zu kommen sei. Zu Cartesius hatte er bemerkt, Gott sei es, der den Abgrund zwischen Denken und Erkennen, zwischen Subjekt und Objekt ausfülle, er sei die Brücke zwischen dem cogito ergo sum, zwischen dem einsamen, irren, nur einem, dem Selbstbewußtsein, gewissen Denken und der Außenwelt. Der Versuch sei etwas naiv ausgefallen, aber man sehe doch, wie instinktartig scharf schon Cartesius das Grab der Philosophie abgemessen habe; sonderbar sei es freilich, wie er den lieben Gott als Leiter gebraucht habe, um herauszukriechen, und zu Spinoza notierte er, der Spinozismus sei der Enthusiasmus der Mathematik, in ihm vollende und schließe sich die Cartesianische Methode der Demonstration, erst in ihm gelange sie zu ihrer völligen Konsequenz. Die Metaphysik der beiden hatte Kant zertrümmert. Dessen *Kritik der reinen Vernunft* war 1781 erschienen, sie lag Büchner zeitlich näher als uns Heideggers *Sein und Zeit.* Wichtiger als die Richtigkeit einer Philosophie sind ihre Folgen und ist die Möglichkeit, sie weiterzudenken. Kant trennte die Naturwissenschaften von der Philosophie. Er ging von einem Paradox aus. Er versuchte die Physik Newtons philosophisch zu beweisen, zu fragen, warum überhaupt eine mathematische Wissenschaft möglich sei. Er erklärte die Mathematik ausschließlich für die Erfahrung brauchbar und für diese die Metaphysik unbrauchbar. Er teilte die Welt in einen durch die Form unserer Vorstellung und die Kategorien unseres Denkens erfahrbaren physischen und in einen grundsätzlich jenseits jeder möglichen Erfahrung liegenden Bezirk ein, jenen des Dings an sich, während die Fragen nach Gott, Seele, Freiheit, Unsterblichkeit unbeweisbar blieben. Er könne, schrieb er, Gott, Freiheit, Unsterblichkeit zum Behuf des notwendigen praktischen Gebrauchs der Vernunft nicht einmal annehmen, wenn er nicht der spekulativen Vernunft zugleich ihre Anmaßung überschwenglicher Einsichten benehme. Indem er der Philosophie die Berechtigung absprach, weiterhin Metaphysik zu treiben, verlor diese an Bedeutung, um so mehr als Kant die reine Vernunft unter das Primat der praktischen stellte. Das Sollen war ihm wichtiger als das Müssen, was durch die reine Vernunft nicht bewiesen werden kann, hatte die praktische zu postulieren, all die Erhabenheiten, Seele, Gott, Freiheit, doch was nur postuliert werden kann, muß nicht postuliert werden, das Radikal-Böse im Menschen zwingt diesen, will er sich der praktischen Vernunft unterwerfen, seinen Neigungen entgegen zu handeln, eine Ansicht Kants, die Goethe empörte. Die *Kritik der praktischen Vernunft* ist nicht nur eine Philosophie der von der Vernunft diktierten Pflicht, der sich der mündige Mensch zu unterziehen hat, sondern vor allem eine des Als-ob, eine Philosophie der Fiktion, welche die Metaphysik durch ein System sittlicher Postulate ersetzte. Als sie 1788 erschien, begeisterte sie Schiller, der in ihr die Philosophie der Freiheit sah, aber empörte jene, die so taten, als ob sie glaubten, aber wollten, daß man glaube, daß sie glaubten, während jene, die glaubten, keinen Beweis für ihren Glauben brauchten, sie glaubten ohnehin, daß sie durch den Glauben die Wahrheit wüßten, die Philosophen indessen bemühten sich, die Probleme, die Kant aufgeworfen hatte, zu umgehen, weil sie diese nicht zu lösen vermochten: Das Resultat waren die Systeme des deutschen Idealismus. 1807, drei Jahre nach Kants Tod, schrieb Hegel *Die Phänomenologie des Geistes*, 1812 erschien seine *Logik*, 1814 starb Fichte, 1818 erschien Schopenhauers *Welt als Wille und Vorstellung*. Hegel starb 1831. Schelling und Hölderlin überlebten Büchner als Gespenster. Feuerbach, neun Jahre vor, und Marx, drei Jahre nach Büchner geboren, schrieben ihre Hauptwerke erst nach Büchners Tod. Doch kam Büchner nicht dazu, die philosophische Epoche, die ihm voranging und in der er lebte, darzustellen. Den Doktorhut, den er für seinen *Danton* ersehnte, bekam er von der Universität Zürich für eine Vorlesung *Über das Nervensystem des Barben*, eines Fisches, der in Straßburg häufig war, die er dort vor der Gesellschaft für Naturwissenschaften im April und Mai 1836 gehalten hatte. Büchner wurde aus der Philosophie in die Naturwissenschaft geschleudert, am 12. Oktober 1836 emigrierte er nach Zürich, und schon Anfang November hielt er an der dortigen Universität die Probevorlesung *Über Schädelnerven*, worin er in den physiologischen und anatomischen Wissenschaften zwei Grundansichten feststellte: Die erste, die in England und Frankreich überwiege, betrachte alle Erscheinungen des organischen Lebens vom teleologischen Standpunkt aus; sie finde die Lösung des Rätsels in dem Zweck. Sie mache den Schädel zu einem künstlichen Gewölbe mit Strebepfeilern, bestimmt, seinen Bewohner, das Gehirn, zu schützen, – Wangen und Lippen zu einem Kau- und Respirationsapparat, – das Auge zu einem komplizierten Glase, – die Augenlider und Wimpern zu dessen Vorhängen; – ja die Träne sei nur der Wassertropfen, welcher es feucht erhalte. Die teleologische Methode bewege sich in einem ewigen Zirkel, müsse doch nach dem Zweck dieses Zweckes gefragt werden und der Progressus in infinitum sei unvermeidlich, aber die Natur handle nicht nach Zwecken, sondern sei in allen ihren Äußerungen sich unmittelbar selbst genug. Alles, was sei, sei um seiner selbst willen da. Das Gesetz dieses Seins zu suchen, sei das Ziel der der teleologischen gegenüberstehenden philosophischen Ansicht, die in Deutschland vorherrsche. Alles, was für jene Zweck sei, werde für diese Wirkung, und so werde für die philosophische Methode das ganze körperliche Dasein des Individuums nicht zu seiner eigenen Erhaltung aufgebracht, sondern es werde die Manifestation eines Urgesetzes, eines Gesetzes der Schönheit, das nach den einfachsten Rissen und Linien die höchsten und reinsten Formen hervorbringe. Die Frage nach einem solchen Gesetz führe von selbst zu den zwei Quellen der Erkenntnis, aus denen der Enthusiasmus des absoluten Wissens sich von je berauscht habe, der Anschauung des Mystikers und dem Dogmatismus der Vernunftphilosophen. Daß es bis jetzt gelungen sei, zwischen letzterem und dem Naturleben, das unmittelbar wahrgenommen werde, eine Brücke zu schlagen, müsse die Kritik verneinen. Die Philosophie a priori sitze noch in einer trostlosen Wüste; sie habe einen weiten Weg zwischen sich und dem frischen grünen Leben, und es sei eine große Frage, ob sie ihn je zurücklegen werde. Bei den geistreichen Versuchen, die sie gemacht habe, weiterzukommen, müsse sie sich mit der Resignation begnügen, bei dem Streben handle es sich nicht um die Erreichung des Ziels, sondern um das Streben selbst. Erwähnt seien noch zwei Stellen. So führte er aus, man könne Schritt für Schritt verfolgen, wie von dem einfachsten Organismus an, wo alle Nerventätigkeit in einem dumpfen Gemeingefühl bestehe, nach und nach besondere Sinnesorgane sich abgliedern und ausbilden. Ihre Sinne seien nichts neu Hinzugefügtes, sie seien nur Modifikationen in einer höheren Potenz, und etwas später bemerkt er, es dürfe wohl immer vergeblich sein, die Lösung des Problems in der verwickeltsten Form, nämlich bei dem Menschen zu versuchen. Die einfachsten Formen leiteten immer am sichersten, weil in ihnen sich nur das Ursprünglichste, absolut Notwendige zeige. Was bei diesem doch wissenschaftlichen Vortrag auffällt, ist, daß der dreiundzwanzigjährige Büchner die Grundansicht, die ihn leitet, eine philosophische nennt. Da er sich vorher mit dem Gedanken getragen hatte, in Zürich über die neuere deutsche Philosophie zu lesen, ist die Vermutung nicht abwegig, in der Vorlesung über Schädelnerven sei seine eigene Philosophie versteckt. Um so erstaunlicher ist es deshalb, daß er die Methode, die er der teleologischen entgegensetzt und die darin besteht, im Gesetz der Schönheit den Grund zu suchen, warum die Natur in all ihren Äußerungen sich selbst sei, die deutsche nennt. Damit nimmt er Stellung sowohl gegen Kant als auch gegen dessen Nachfolger. Gegen Kant der Methode und gegen dessen Nachfolger der Philosophie nach. Nach Kant vermag eine naturwissenschaftliche Theorie nur eine kausale Notwendigkeit auszudrücken, der Zweck jedoch sei keine Kategorie des reinen Verstandes und damit kein konstitutives Prinzip gegenständlicher Erkenntnis, nur im Falle des durch die reine Vernunft Unerklärlichen, wie es das Leben darstelle, weil das Wesen des lebendigen Organismus darin bestehe, daß das Ganze ebenso durch die Teile und die Teile durch das Ganze bestimmt seien, entstehe notwendigerweise der Eindruck des Zweckmäßigen, die teleologische Methode sei als ein hypothetisches Prinzip dem lebendigen Organismus gegenüber gegeben, als Methode, als ob dieser einen Zweck habe, um so die kausalen Naturzusammenhänge aufzuspüren. Die nachkantische Philosophie dagegen war an sich teleologisch. Wer nach dem Zweck fragt, fragt auch nach dem Sinn, auch diesen hatte Kant zur Sache der praktischen Vernunft gemacht, zu etwas Subjektivem, indem der Wille sich selber einen Zweck setzt, setzt er auch den Sinn sich selber, der ewige Friede ist ein Wunsch, damit dieser nicht, wie Kant sich ausdrückt, »auf dem großen Kirchhofe der Menschengattung« stattfinde. Der auf Kant folgende Idealismus schrieb dem, was er hinter der Erscheinung annahm, sei es nun das Ich oder das Absolute oder der Weltgeist, wieder einen objektiven Sinn zu, einen Zweck, auf den es sich hinentwickelt, eine bei der Unberechenbarkeit der menschlichen Natur und ihrer Gesellschaftsformen offenbare Unmöglichkeit, bei Marx endlich ein naturgesetzliches Hinwälzen auf die klassen- und staatslose Gesellschaft zu, auf die Freiheit des Menschen. Büchner hätte nach dem Ziel dieses Ziels gefragt, nach dem Sinn dieses Sinns, ob es nicht wiederum sinnlos zu neuen Klassen, zu einem neuen Staat führe, zu einer neuen Unfreiheit und so fort. Büchner war ein Rebell, Marx ein Revolutionär. Büchner empörte sich über die Zustände, Marx sah sein Denken durch die Zustände bestätigt, Büchner sah den Menschen an sich selber scheitern, Marx übersah den Menschen. Büchner war Realist, er sah im Verhältnis zwischen Armen und Reichen das einzige revolutionäre Element in der Welt. Hinter Marx wird Hegel sichtbar, dessen von Fichte übernommene Dialektik, These, Antithese, Synthese, das Blut stampfende Schreiten des Weltgeistes durch die Zeit. Als Naturwissenschaftler jedoch ist Büchner Goethe verpflichtet, der nicht nur durch seine Entdeckung des Zwischenkiefers beim Menschen bedeutend in der vergleichenden Anatomie war, mehr noch durch seine Ansichten über diese Wissenschaft; die Vorstellungsart, daß ein lebendiges Wesen zu gewissen Zwecken nach außen hervorgebracht und seine Gestalt durch eine absichtliche Urkraft dazu determiniert werde, wie er um 1790 in seinem Versuch einer allgemeinen Vergleichungslehre schrieb, diese teleologische Vorstellungskraft sei für sich fromm, für gewisse Gemüter angenehm, für gewisse Vorstellungsarten unentbehrlich, die aber deswegen, wie alle trivialen Dinge, trivial sei, weil sie der menschlichen Natur im ganzen bequem und zureichend sei, denn der Mensch sei gewohnt, die Dinge nur in dem Maße zu schätzen, als sie ihm nützlich seien, und da er, seiner Natur und seiner Lage nach, sich für das Letzte der Schöpfung halten müsse: warum sollte er auch nicht denken, daß er ihr letzter Endzweck sei? Warum sollte sich seine Eitelkeit nicht den kleinen Trugschluß erlauben? Weil er die Sachen brauche und brauchen könne, so folgere er daraus: sie seien hervorgebracht, daß er sie brauche. Eher werde er die Entstehung der Distel, die ihm die Arbeit auf seinem Acker sauer mache, dem Fluch eines erzürnten guten Wesens, der Tücke eines schadenfrohen bösen Wesens zuschreiben, als eben diese Distel für ein Kind der großen allgemeinen Natur zu halten, das ihr ebenso nahe am Herzen liege wie der sorgfältig gebaute und so sehr geschätzte Weizen. Werde ihm aber nicht schon die Urkraft der Natur respektabler, wenn er selbst ihre Kraft bedingt annehme und einsehen lerne, daß sie ebensogut von außen als nach außen, von innen als nach innen bilde? Der Fisch sei für das Wasser da, scheine viel weniger zu sagen als: der Fisch sei in dem Wasser und durch das Wasser da; denn dieses letzte drücke viel deutlicher aus, was in dem ersten nur dunkel verborgen liege, nämlich: die Existenz eines Geschöpfes, das wir Fisch nennen, sei nur unter der Bedingung eines Elementes, das wir Wasser nennen, möglich, nicht allein, um darin zu sein, sondern auch um darin zu werden. Was Büchner das Gesetz der Schönheit nennt, ist für Goethe die ideale Gestalt der tierischen Form, die Morphologie der Tiergestalt, zu der auch die Gestalt des Menschen gehört, diese Verwandlung der Gestalt, die ihren Zweck in sich, nicht außerhalb ihrer hat, ist noch metaphysisch gesehen, philosophisch, weil sie eine Urgestalt des Tieres setzt, ein Urbild, weshalb denn auch Büchner dem teleologischen Denken einen Progressus in infinitum vorwirft, aber mißachtet, daß, wenn er dasjenige, was das Denken auf ein Ziel hin als Zweck bezeichnet, Wirkung nennt, diese Wirkung einen Grund haben und, auch wenn dieser Grund das Gesetz der Schönheit ist, dieses Gesetz wiederum einen Grund aufweisen müsse als dessen Wirkung, der Satz vom Grunde, daß nichts ohne Grund sei, führt zu einem Regressus in infinitum, kennt keinen Urgrund, ihn anzunehmen, wäre nach Kant eine Antinomie, die Vernunft käme mit sich selber in Konflikt, die Philosophie vor Kant nahm ihn an, Gott war der Urgrund, die Causa sui, der Grund seiner selbst, nach Kant hatte sich die Wissenschaft nicht mehr um den Urgrund zu kümmern, die Philosophie war nicht ihre Sache, noch zögerten einige, wie Büchner, noch war man auf das unerbittliche Gesetz der Evolution nicht gestoßen, dann stürzte sich notwendigerweise, es gab keine andere Wahl, die Wissenschaft in den Mahlstrom der Gründe, in das größte und kühnste, aber auch gefährlichste Wagnis, das der menschliche Geist je unternommen hat und unternimmt, weil er, indem er die Natur stellt, auch sich selber stellt; sie war es, die den Menschen aufklärte. Wenn Marx meinte, die Philosophie habe die Welt zu verändern, nicht zu interpretieren, so veränderte nun die Wissenschaft die Welt, mehr als es je die Politik oder Kriege vermochten, indem jene diese interpretierte, derart, daß die Wissenschaft ihre Interpretationen immer wieder neu an der Wirklichkeit überprüfte, um zu immer neuen Interpretationen zu gelangen, gleichsam von Irrtum zu Irrtum fortschreitend, von einem vermeintlichen Grund zu weiteren vermeintlichen Gründen vordringend, hinauf- und hinabsteigend zu immer neuen Theorien und Hypothesen, um endlich gar die Grenzen zu durchstoßen, die ihr von Kant zugewiesen worden waren, und Gebiete zu erobern, die er für unvorstellbar gehalten hatte, weil er die menschliche Vorstellungskraft unterschätzte, die auch die Schallmauer des Sinnlich-Anschaulichen und der Kausalität zu durchbrechen vermag, so daß sie sich heute an Fragen wagt, die sich einst nur die Metaphysiker stellten. Seit Kant gibt es zwei Kulturen, eine wissenschaftliche und eine literarische. Führt die wissenschaftliche Kultur ins Nicht-Wissen, indem dieses anwächst, je mehr man weiß, rennt die literarische, insofern sie sich noch für Philosophie hält, wie eine Ratte hilflos im Labyrinth der Sprache herum und läßt sich wie die Religionen zur Begründung der Macht jener verwenden, die an der Macht sind oder an die Macht wollen, insofern sie Literatur ist, ist sie vollends wirkungslos geworden, es sei denn, man messe der Mode Bedeutung zu. Man trägt Kultur, entweder von der Stange oder maßgeschneidert. Die vollständige Überflüssigkeit der Literatur ist ihre einzige Berechtigung. Es gibt keine erhabenere. Wir leben in einer sokratischen Welt. Die literarische Kultur läßt sich in vielem mit der Sophistik vergleichen, die sich in ihren eigenen Begriffen im Kreise dreht, die exakten Naturwissenschaften mit dem Versuch Platons, in die Welt der Ideen vorzudringen: Indem wir mit Hilfe der objektiven Methode der Mathematik, die ihre subjektive Wurzel in der Beschaffenheit unseres Geistes hat, die Realität zu erfassen suchen, stellt sich diese immer wieder als Idee heraus, wenn auch dargestellt in der Schönheit einer Formel. Dieser Problematik wäre Sokrates gleichgültig gegenübergestanden, er, der sich am liebsten selber zuhörte, weil er dabei am besten träumen oder schlafen konnte, hätte über unsere Philosophie gelacht und über unsere Literatur gegähnt. Wissend, daß er nichts wußte, hätte er wie Kant nur ein Gutes in der Welt gekannt, den guten Willen. Ihn hätte nur die praktische Vernunft interessiert, mit Staunen hätte er ihren Eroberungszug ins Reich der reinen Vernunft verfolgt, der so viel notwendige, nützliche, unnütze und tödliche Beute einbrachte, stirnrunzelnd hätte er festgestellt, daß die Menschheit statt einer immer sichereren eine immer katastrophenanfälligere Welt aufbaut, infolgedessen der Friede allmählich ebenso gefährlich wird, wie es einst der Krieg gewesen war, und der Krieg kein Krieg mehr, sondern ein atomares Auschwitz der menschlichen Rasse, wo nicht nur deren Leiber verdampfen, sondern auch deren Geist, mehr noch, all das Grandiose, das dieser je hervorbrachte, Homer, die Tragödien der Griechen, das Wüten Lears, die ›Kunst der Fuge‹ Bachs, die Quartette

Beethovens und der aus seinem Grab fegende Christus des Isenheimer Altars, nur noch die Pyramiden stehen sinnlos herum, gleicherweise Grabmale der Pharaonen und der Menschheit; der Mächtigen und deren Opfer, und, den Schierlingsbecher schon in der Hand, hätte er den Kopf geschüttelt, weil die Menschen sich dem Wissen, daß sie nichts wußten, nicht gewachsen zeigen, und, abergläubischer denn je, an der Aufklärung scheitern, ferner, weil sie dort, wo sie frei sind, die Freiheit mißbrauchen, so sehr, daß es bald gleichgültig sein könnte, ob sie frei sind oder unfrei, und nicht ohne Ironie würde er schließen, den Schierlingsbecher leerend, daß wir, trotz so vieler Gründe, weiser zu werden, statt der praktischen Vernunft der praktischen Unvernunft anheimgefallen seien. So blikken wir denn zurück, hundertfünfzig Jahre nur, als sich die Triebräder des wissenschaftlichen und technischen Zeitalters langsam in Bewegung setzten. Wir sehen, ein gespenstisches Bild, Georg Büchner, Emigrant, Verfasser eines politischen Pamphlets gegen die hessische Regierung, außerdem einigen wenigen bekannt als Autor eines wilden Dramas über die Französische Revolution, doch noch unentdeckt als dramatischer Revolutionär, im November 1836, vier Jahre nach Goethes Tod und drei Monate vor dem eigenen Ende, überzeugt vom gräßlichen Fatalismus der Geschichte, von der entsetzlichen Gleichheit der Menschennatur und der unabwendbaren Gewalt der menschlichen Verhältnisse, seine Tätigkeit als Privatdozent vor etwa zwanzig Studenten in Zürich aufnehmen, am Tage mit dem Skalpell in leidenschaftlichem Trotz auf der Suche nach dem Gesetz der Schönheit, Fische, Frösche und Kröten sezierend und für seine Vorlesungen präparierend, die Lupe vor den kurzsichtigen Augen, des Nachts in der Spiegelgasse 12 über Büchern sitzend und am *Woyzeck* schreibend:

»DOKTOR Meine Herrn ich bin auf dem Dach, wie David, als er die Bathseba sah; aber ich sehe nichts als die culs de Paris der Mädchenpension im Garten trocknen. Meine Herrn wir sind an der wichtigen Frage über das Verhältnis des Subjekts zum Objekt. Wenn wir nur eins von den Dingen nehmen, worin sich die organische Selbstaffirmation des Göttlichen, auf einem so hohen Standpunkte manifestiert, und ihr Verhältnis zum Raum, zur Erde, zum Planetarischen untersuchen, meine Herrn, wenn ich diese Katze zum Fenster hinauswerfe, wie wird diese Wesenheit sich zum centrum gravitationis und dem eigenen Instinkt verhalten? He Woyzeck, *brüllt* Woyzeck!

WOYZECK Herr Doktor sie beißt.

DOKTOR Kerl, er greift die Bestie so zärtlich an, als wär's seine Großmutter.

WOYZECK Herr Doktor ich hab's Zittern.

DOKTOR *ganz erfreut* Ei, ei, schön Woyzeck. *Reibt sich die Hände. Er nimmt die Katze.* Was seh' ich meine Herrn, die neue Species Hasenlaus, eine schöne Species, *er zieht eine Lupe heraus* meine Herren – *die Katze läuft fort*. Meine Herrn, das Tier hat keinen wissenschaftlichen Instinkt. Meine Herrn, Sie können dafür was anders sehen, sehn Sie, der Mensch, seit einem Vierteljahr ißt er nichts als Erbsen, beachten Sie die Wirkung, fühlen Sie einmal was ein ungleicher Puls, da und die Augen.

WOYZECK Herr Doktor es wird mir dunkel.«

Kunst und Wissenschaft
oder
Platon
oder
Einfall, Vision und Idee
oder
Die Schwierigkeit einer Anrede
oder
Anfang und Ende einer Rede

1984

Vor fünfzehn Jahren hielt ich vor dem Studium generale der Johannes-Gutenberg-Universität in Mainz eine Rede und bin nachträglich verwundert, wie unbefangen ich mit »meine Damen und Herren« begonnen habe. Gewiß, es ist eine höfliche Anrede, und nichts gegen Höflichkeit, aber manchmal verwundert sie doch und hätte mich schon damals verwundern müssen, nicht erst seit mir durch das Kabelfernsehen die exquisite Feierlichkeit dieser Anrede auffiel, stand sie doch im Gegensatz dazu, wie sich die so Angesprochenen dann aufführten. Um so erstaunter bin ich denn heute, daß sich damals die Studentinnen und Studenten mir gegenüber so überaus freundlich verhielten. Welche Studentin, ja, wer denn schon läßt sich gern mit »meine Dame« anreden und welcher Herr stutzt nicht, wird er mit »mein Herr« angeredet, er läßt es sich höchstens noch vom Coiffeur oder vom Kellner gefallen. Aber auch das »mein« ist verdächtig. Von einem Kellner oder von einem Coiffeur nimmt man es hin, die Anrede gehört zu seiner Berufssprache, und sagt ein Chirurg zu mir: »Mein lieber Verehrtester, legen Sie sich mal hin, rücken wir Ihrer Leber zu Leibe, der Magen muß weg, der ist nicht lebensnotwendig, und schauen wir, was sonst noch entbehrlich ist, sind Sie schon offen«, da ist das »mein« am Platz, und auch das »lieber Verehrtester« muß ich wohl oder übel akzeptieren, liegt doch darin die ganze Liebe meinen Innereien gegenüber, nur noch mit der Liebe und Verehrung vergleichbar, mit der ein Gourmet sein Steak betrachtet. Aber »meine lieben Zuhörer« oder »mein verehrtes Publikum«? Über das »lieb« und »verehrt« wollen wir gar nicht erst diskutieren, die Fragwürdigkeit würde uferlos, ist schon uferlos, und auch das »mein« ist immer noch verdächtig: Sie sind mir ja nicht ausgeliefert, die Türen sind nicht verschlossen, kein Mensch stellt sich Ihrer Flucht entgegen oder hindert Sie am Einschlafen, was mich freilich hindert, in der Anrede das Wort Zuhörer zu verwenden, Sie sind freiwillig gekommen, nicht gezwungen, Sie sind nicht mein, Sie sind sich selber. Fällt »Zuhörer« durch jene aus, die bei meiner Rede einschlafen, so stehe ich bei »Publikum« vor neuen Schwierigkeiten: Unter Publikum ist die Gesamtheit aller hier Versammelten gemeint, die Anrede »O Publikum« ist zwar komisch, aber logisch korrekt, als Anrede steht ihr zwar nichts im Wege, aber alles der Rede, die durch die Anrede erst eingeleitet werden soll, so sehr verhindert die Anrede die Rede, daß diese streng genommen nicht gehalten werden kann, ist doch »Publikum« ein Allgemeinbegriff, den anzureden, oder gar vor ihm zu reden, unmöglich ist. Versuche ich nämlich den Allgemeinbegriff zu konkretisieren, Sie zu meinen, die hier versammelt sind, bleibt es beim Versuch, denn wer sind Sie, die mir zuhören? Gewiß, ich hoffe, es können mich alle hören, ist die Akustik in diesem Saal in Ordnung, ich will jedoch nicht nur gehört, ich will auch verstanden werden, und ob ich verstanden werde, vermögen nicht alle zu entscheiden, sondern nur jeder einzelne von allen, jeder einzelne von Ihnen, aber dieser einzelne, der versteht, oder jene einzelnen, die verstehen, machen wiederum nicht das Publikum aus, nur einen Teil von jenem, von dem ich nicht weiß, wie groß er ist, wobei durch nichts bewiesen werden kann, ob die verschiedenen einzelnen, die mich verstehen, mich gleich verstehen oder gar gleich mißverstehen. So muß ich denn, rede ich, zu etwas Phantomartigem reden, zu etwas Konkretem und Fingiertem zugleich, zu allen und doch nicht zu allen, zu jedem und doch nicht zu jedem. Wenn ich trotzdem rede, so nur, weil ich mir einrede, zu einem idealen Publikum zu reden, zu einem Publikum, das aus lauter einzelnen besteht, die mich vollkommen verstehen. Dieses ideale Publikum gibt es nur als Idee, ich kann mir dieses Publikum nur denken, aber nicht vorstellen, es ist gleichsam meine rednerische Richtschnur, der entlang ich jeden einzelnen zu erreichen suche. Ich bemühe mich, derart verständlich zu reden, daß mir scheint, daß alle mich verstehen können, aber da ich nie wissen werde, ob ich dieses Ziel erreicht habe, habe ich geredet, bleibt mir nichts anderes übrig, als so zu reden, als wäre jeder einzelne alle einzelnen, ich rede streng genommen nicht zu Zuhörern, sondern zu einem fingierten Zuhörer, und dieser fingierte Zuhörer, der alle Zuhörer vertritt, bin ich, denn von mir allein kann ich wissen, ob ich mich verstehe: So bin ich denn zu meinem eigenen Publikum geworden, und Sie haben sich in nichts aufgelöst. Doch rede ich Sie natürlich bloß prophylaktisch nicht an, um Sie auf einige Vertracktheiten aufmerksam zu machen, die auch in der Rede liegen werden und nicht nur in der Anrede liegen. Spiegelt sich in der Schwierigkeit der Anrede einerseits die Schwierigkeit des Redners, sich über sein Publikum eine Vorstellung zu machen, anderseits die Schwierigkeit des Publikums wider, sich über sich selber klarzuwerden, was wiederum auf eine Hauptschwierigkeit unserer Zeit hinweist, die darin besteht, daß sie mit sich selber nicht ins reine kommt, so hält unter solchen Auspizien auch das Thema meiner Rede Schwierigkeiten und Tücken bereit, die weder mich, der sie zu halten, noch Sie, die sie auszuhalten haben, überraschen dürfen. Eine Rede über das Verhältnis der Kunst zur Wissenschaft und jenes der Wissenschaft zur Kunst ist ebenso schwer oder ebenso leicht wie eine Rede über das Verhältnis vom Menschen zum lieben Gott oder umgekehrt, gesetzt, man weiß, was der liebe Gott sein soll: Ich selber weiß es nicht. So ist denn die Schwierigkeit meiner Anrede kaum erwähnenswert gegenüber der Schwierigkeit meiner Rede. Diese hat nichts mit der Schwierigkeit zu tun, in die uns Fragen bringen wie: »Ist Beuys noch Kunst?« oder »Ist Astrologie Wissenschaft?«. Sie hat mit jener Schwierigkeit zu schaffen, in die jeder, der schreibt, immer wieder gerät, wenn er gefragt wird: »Warum schreiben Sie eigentlich?« oder »Warum behauptet die Wissenschaft, etwas sei wahr, um dann plötzlich das Gegenteil zu verkünden?«. Naive Fragen, denen man am liebsten aus dem Wege geht, ist es doch selbstverständlich, daß ein Wissenschaftler sich irren kann, die Möglichkeit des Irrtums gehört ebenso zur Wissenschaft wie die Möglichkeit, etwas herauszufinden, Hamlet ist nicht geschrieben, um »sein oder nicht sein«

auszusagen, hält er diesen Monolog doch nur, um den Wahnsinnigen zu spielen, eine grausame List, womit er den Hof täuscht und Ophelia in den Wahnsinn treibt, und Einstein schrieb seine berühmte Formel nicht nieder, um die Atombombe zu ermöglichen. Hinter all dem verbirgt sich mehr als Persönliches, hinter dem allem verbirgt sich die Geschichte des menschlichen Geistes.

Zuerst Einfälle wie den, einen dürren Ast in einen von einem Blitz angezündeten brennenden Baum zu stecken und den brennenden Ast fortzutragen, um andere dürre Äste anzuzünden, die Furcht des Urmenschen vor dem Feuer, die er mit den Tieren teilte, war damit überwunden und der Mensch Mensch geworden, später Visionen, endlich Ideen. Worte für das Gleiche, könnte man glauben. Doch Worte sind wie die Werkzeuge eines Malers, manches läßt sich am besten mit dem Pinsel, anderes mit einem Stück Kohle und vieles am besten mit einer Feder festhalten. Das Sonnensystem setzt sich nicht nur aus Planeten und ihren Monden zusammen, sondern auch aus einer Unmenge von Planetoiden (Klein- und Kleinstplaneten), Felsbrocken und Geröll, aus Wolken von Staub und Gas, aus Eisklumpen, Eiskörnern und Eiskristallen. Wie die Erde befindet sich auch der Mensch in einem Sonnensystem, in jenem des menschlichen Geistes. Er ist nicht nur umgeben von Urmotiven, Urerinnerungen, Urängsten und Urwünschen der Menschheit, die gleichsam die Planeten darstellen, auch von Erlebnisüberresten von Völkern, die längst untergegangen sind, von Mythen, Sagen, Märchen, von ganzen Schwärmen von Folianten, Schwarten, Schmökern, Klassikerausgaben, Taschenbüchern, von Saturnringen und Reportagen, Filmen, Fernsehserien usw. usw. Wie der Mensch nicht nur in einer Atmosphäre, sondern auch in einer Biosphäre lebt, um ein anderes Bild zu brauchen, in einer Suppe von Mikrolebewesen, von Bakterien, Bazillen, Viren usw., so lebt er auch in einer »Noosphäre«, in der Gesamtheit alles menschlichen Denkens, Tüftelns, Glaubens, Meinens, Träumens, Fürchtens, Aberglaubens, Metaphysierens und Phantasierens, wobei jeder Mensch noch in seiner eigenen Erlebnissphäre lebt, in all dem, was sein Gelingen, Mißlingen, sein Lieben und Geliebtwerden, seine Enttäuschungen und Demütigungen ausmacht. Darauf, daß es um die Menschheit und um den Menschen so bestellt ist, weisen die Einfälle hin: Diese Gedankensplitter sind auf einmal da, keiner weiß einen Erfinder derselben anzugeben, sie sind wie Sternschnuppen in den sichtbaren Teil der Noosphäre eingeschossen und aufgeleuchtet, in die Atmosphäre, die auch ein Teil des Sonnensystems ist, aber stammen von ihrem unsichtbaren Teil ab – wir sehen einen Kometen ja auch erst, wenn er sich der Sonne derart genähert hat, daß sein Eis zu verdampfen beginnt, der von uns »nicht sichtbare« Teil des Sonnensystems ist unvergleichlich größer als der »sichtbare«, Transpluto ist noch nicht entdeckt, und Kometen vermögen sich Lichtjahre weit von der Sonne zu entfernen und wieder zurückzukehren. So läßt sich denn jeder Einfall in der Geschichte des Geistes nur so weit zurückverfolgen, als wir sie überblicken (und wir kennen sie weniger, als wir uns das einbilden), auch wenn es der, der den Einfall gehabt hat, nicht weiß; ein anderer hatte ihn vorher gehabt, und vor diesem wieder ein anderer. Ist seine Herkunft ungewiß, nicht weniger seine Zukunft. Nicht nur, daß er einfällt, ist wichtig, mehr noch: wozu er und wem er einfällt. Die

Vision besitzt ein breiteres Spektrum als die Idee oder der Einfall. In der Idee liegt etwas Gedankliches, im Einfall etwas Gewalttätiges, fast muß man sich entschuldigen, einen Einfall gehabt zu haben, die Vision deutet auf etwas Sinnliches hin, sie ist ursprünglich, das hat sie mit dem Einfall gemeinsam, die Idee hat etwas Abgeleitetes, Intellektuelles. Wenn wir die Einfälle der Technik zuteilen, die Visionen der Kunst und die Ideen der Wissenschaft, so ist das eine Arbeitshypothese, nichts weiter. Weder die Technik noch die Kunst und auch nicht die Wissenschaft kommt ohne Einfälle, Visionen und Ideen aus. Trotzdem ist die Arbeitshypothese sinnvoll. Wenn wir die Noosphäre des Menschen, deren psychische Zusammensetzung sich in seiner Urzeit gebildet hat, mit dem Sonnensystem verglichen haben und den Einfall mit dem Meteor, so können wir die Vision mit einer gewaltigen Sonneneruption vergleichen, die das Sonnensystem als Ganzes erleuchtet, einst war es die ptolemäische, später die kopernikanische Vision, während die Idee die Schwerkraft darstellt, die das Sonnensystem geformt hat. Doch auch Visionen und Ideen fallen ein. Wenn es in einem Kommentar zu Aristoteles heißt, Leukipp von Milet dachte sich Atome, »weil er sah, daß Entstehung und Veränderung in den Dingen ohne Aufhören sei«, so ist diese Meinung zwar nicht falsch, doch schon der Urmensch machte die Erfahrung, die der Kommentar Leukipp zuschiebt. Der Urmensch fand das Bleibende, das sich Nicht-Verändernde in der beseelten Natur, noch später in den Göttern, Visionen, die sein Überleben absicherten. Wie in der Eiszeit die Gletscher Felsblöcke vor sich herschoben, um sie dann liegenzulassen, zog sich das Eis zurück, so schiebt die Evolution Erfahrungen vor sich her, die der Mensch in immer neuen Visionen zusammenfaßt. Jahrhunderttausende kann es gedauert haben und noch länger, weit über die Steinzeit hinaus, bis er aufs neue darüber staunte, was er doch schon längst wußte, daß nämlich alles zerfiel, verweste, zerbröckelte oder, durch die Zeit abgeschliffen, zu Sand wurde. Die einen suchten wie der Urmensch nach dem Bleibenden und negierten die Veränderung, Leukipp bejahte sie. Ich möchte diese ersten Philosophen Visionäre nennen, doch auch ihre Vision schleppt die Evolution des Geistes weiter. Wenn Xenophanes aus Kolophon in Kleinasien, der, von den Persern vertrieben, als Rhapsode Homer und Hesiod vortrug, zwischen 565 und 470 vor Christus lebte, sich in Ela in Unteritalien niederließ und, seines Berufs überdrüssig, verkündigte, die Dichter, deren Gesänge er vorgetragen, hätten den Göttern angedichtet, was nur immer bei den Menschen Schimpf und Schande sei: Stehlen, Ehebrechen und sich gegenseitig Betrügen. Wenn Kühe, Pferde oder Löwen Hände hätten und damit malen könnten, dann würden die Pferde pferde-, die Kühe kuhähnliche Götterbilder malen und solche Gestalten schaffen, wie sie es selber hätten. Es gebe in Wirklichkeit nur einen Gott, der wie das All kugelförmig sei und in nichts den Menschen ähnlich. »Ganz sieht er, ganz denkt er, ganz hört er«, so hat er diese Vision, gewaltiger als der Eingott der Juden, gleichsam aus einem Findling herausgemeißelt, der ihm aus der Urzeit herangeschoben wurde, und an dem schon Homer und Hesiod herumwerkten. Die Kritik des Xenophanes an Homer ist vergessen, aber das Attribut des Vollendeten, das er mit der Kugel verband, deren Punkte auf ihrer Oberfläche sich alle gleich weit von ihrem Mittelpunkt befinden, lebte nicht nur in Parmenides fort, dessen

›Sein‹ ein vollkommener kugelförmiger Weltkörper ist, sondern auch im sphärischen Kosmos des Platon oder im Dogma des Aristoteles von der Kreisbewegung der Himmelskörper, von dem sich selbst Galilei nicht zu befreien vermochte, bis hin zu jener modernen Vorstellung über den Kosmos, die ihn mit einer aus einer explodierenden Materienkugel entstandenen expandierenden Seifenblase vergleicht, deren Punkte, die Galaxien, sich in ständig anwachsender Geschwindigkeit voneinander entfernen. Von Xenophanes besitzen wir nur wenige Sätze, seine Schriften sind verlorengegangen, doch was einmal gedacht und niedergeschrieben wird, und sei es von anderen, geht nie ganz verloren, wohl mag es vergessen werden, es taucht wieder auf, wird umgewandelt, mit neuen Fakten, Hypothesen und Theorien angereichert, auch wenn der, der es zuerst dachte, längst vergessen ist. Auch von Leukipp wissen wir wenig. Wenn er vom Vollen und vom Leeren sprach, vom Seienden und Nicht-Seienden, wie Aristoteles berichtet, so ging dieser Vision, die ebenso toll und aberwitzig war wie alle ersten Visionen, abenteuerlichen Vorstöße des menschlichen Geistes ins nur noch Denkbare, eine lange Inkubationszeit voraus, sie war in der Erfahrung über die Dinge eingebettet, bis sie durch die Erkenntnis, daß es keine Konsistenz der Dinge in der Erfahrung gibt, zur Vision der Atome außerhalb der Erfahrung führte, zu den letzten konsistent gedachten Teilchen, und da jedes Teilchen auch einen Raum voraussetzt, um überhaupt noch ein Teilchen sein zu können, war die Konzeption des leeren Raumes unvermeidlich: die Atome und der leere Raum sind ein und dieselbe Vision. Wie sie zustande kam, wissen wir nicht. Vielleicht lag Leukipp an irgendeinem Strand, über ihm der gleißende

Himmel, in der Hitze mit dem Meer verschmolzen. Es war zu heiß, um zu grübeln, und das Gastmahl vorige Nacht hatte ihn ohnehin faul gemacht. Doch als er mit seiner Rechten Sand schöpfte und ihn zwischen seinen Fingern auf die nackte Brust rieseln ließ, während er in den Himmel blinzelte, überraschte ihn eine Vision: Atome, leerer Raum. Dann schlief er ein. Erst Wochen später erinnerte er sich wieder an seine Vision. Vielleicht nahm Leukipp seine Atome gar nicht so ernst und auch sein Schüler Demokrit nicht, den man darum den lachenden Philosophen nannte, weil für diesen und seinen Lehrer die Atome und der leere Raum nur ein Gleichnis waren für die relative Unwichtigkeit der Schöpfung. Ernst wurde ihre Lehre für ihre Nachfolger und für ihre Gegner. Die Vision Leukipps intellektualisiert Platon, die Atome werden zur Idee, wobei wir sogleich in die Problematik seiner Ideenleere geraten, in das Labyrinth einer durch Begriffe konstituierten Welt. Die Atome Platons »sind« nicht, sie liegen dem Raum und dem Werden zugrunde, sind Nachahmungen des Seins, nicht Ideen, sondern Schatten des Seins von Ideen, die letzten geometrischen Grundformen, welche die Veränderungen und die Hinfälligkeit einer Welt erklären, die nicht »ist«, sondern nur unvollkommen am Sein teilnimmt. Die Atome Platons sind gleich und mannigfaltig; gleich, indem sie gleichschenklige, ungleichschenklige oder gleichseitige Dreiecke sind, und mannigfaltig, indem ihre Größe verschieden ist. Aus ihrer Gleichheit kommt die Ruhe, ihre Mannigfaltigkeit erzeugt die Bewegung der dem Sein nachgeahmten Welt: Die zweidimensionalen Atome setzen sich zu regelmäßigen dreidimensionalen Körpern zusammen (eine märchenhafte Vorahnung der Moleküle), die wiederum die stereometrischen Grundformen jener vier Elemente darstellen, aus denen Empedokles das Weltall gebildet dachte: Erde, Wasser, Feuer und Luft. Die Grundformen des Elements Erde sind Kuben, die des Wassers Ikosaeder, die des Feuers Pyramiden, die der Luft Oktaeder; die aus Atomen zusammengesetzten stereometrischen Elemente mischen sich untereinander, verwandeln sich und füllen den Raum aus, so daß es keinen leeren Raum gibt (den es nur als Idee gibt), ist doch auch der Raum ein Abbild des Seins, während die Idee des leeren Raums die Idee des Nicht-Seienden nachahmt oder an ihr teilnimmt. (Die heutige Theorie der Elementarteilchen scheint dagegen beinahe handfest.) Die Atomvision Leukipps wird durch die Atomidee Platons geometrisiert: Keine der beiden läßt sich durch die Erfahrung überprüfen, aber beide haben als geistiges Spielmodell überlebt. Visionen und Ideen bleiben.

Platon schlug sich ein Leben lang mit der Frage herum, was denn Ideen eigentlich seien. Er suchte in ihnen das Bleibende, Unveränderliche, das was Parmenides das ›reine Sein‹ nannte. Berühmt sind die Gleichnisse, mit denen er die Ideen anzudeuten versuchte, das Sonnengleichnis oder das Höhlengleichnis. Er war von einer Vision besessen, die er nicht zu deuten wußte. Die Idee war Platons Vision. Je konkreter er wurde, desto hilfloser wurde er. Im zehnten Buch seiner *Politeia* versuchte Platon seine Idee über die Ideen mit Stühlen zu demonstrieren. Den Stuhl gibt es in dreifacher Weise: als Idee, als Möbel und als Nachahmung. Der Stuhl ist als Idee ewig, sein Sein ist vollkommen, er ist von Gott »gemacht«, wie er sich ausdrückt, und als Idee nur einmal möglich, weil »eine (abstrakte) ideelle Einheit allemal bei jeder Art von

Vielheiten« angenommen werden muß. Gäbe es zwei Stühle als Idee, ließen sich diese wieder auf einen einzigen Stuhl als Idee zurückführen. Gott macht eine Idee nur einmal. Dagegen kommt der Stuhl als Möbelstück nicht nur als »Vielheit«, sondern auch in verschiedenen Variationen vor, als Schemel, Hocker, Polsterstuhl usw. Diesen Stühlen liegt die ideelle Einheit ihrer konkreten Vielheit zugrunde, der Stuhl als abstrakte Idee; aber die konkreten Stühle halten nicht ewig, auf einem antiken Holzstuhl zu sitzen ist mit Risiken verbunden, falls dieses uralte Möbel heute noch vorhanden wäre; das Sein der Stühle ist vergänglich und daher unvollkommen, die Stühle, auf denen wir sitzen, sind nicht von Gott gemacht, sondern von Menschen. Was nun die nachgeahmten Stühle angeht, so meint Platon damit die Stühle in der Malerei. Der Maler stellt nicht wie Gott einen ideellen ewigen oder wie der Schreiner einen vergänglichen Stuhl dar, sondern er ahmt nur nach, und zwar nicht einmal das Sein des Stuhles, sondern bloß dessen Schein: Es bleibt ihm auch nichts anderes übrig, denn das Sein eines Stuhles, wenn auch ein unvollkommenes, kann nur der hervorbringen, der auch einen Stuhl herstellt. Der Maler benötigt dieses Wissen nicht, er kann einen Stuhl zeichnen, ohne ihn herstellen zu können. Das Bild des Malers nimmt, im Gegensatz zum Stuhl des Schreiners, nicht am Sein, sondern nur am Schein des Stuhles teil. So stellt der Maler etwa einen entfernteren Stuhl kleiner als einen näheren dar, während jemand, der den Stuhl ausmißt, dieser Täuschung nicht verfällt, die Maße geben das Wesen des Stuhles wieder, nicht dessen Schein. Der Maler ist ein »Nachahmer drei Grade vom Sein entfernt«. Diese Argumentation bereitet uns erhebliche Schwierigkeiten. Wir sind durchaus fähig,

Einfälle für Stühle zu haben, aber geraten in Verlegenheit, wenn wir aus all diesen Einfällen für Stühle den Stuhl als abstrakte Idee, als Urbild, als Urstuhl zu finden versuchen. Hat dieser nun eine Rückenlehne oder nicht und, falls er eine aufweist, besitzt er Armlehnen? Hat er vier oder drei oder gar nur ein Bein, womit der Urstuhl so etwas wie ein abstrakter Melkstuhl wäre? Braucht der Urstuhl überhaupt Beine, ist nicht schon ein Baumstumpf fast ein Urstuhl? Oder suchen wir in der falschen Richtung? Ist das Urbild des Stuhles bei den erhabensten Stühlen zu suchen, bei den Thronsesseln? Oder bei den praktischsten, den Nachtstühlen, ja sogar bei den beweglichsten, den Rollstühlen, oder bei einem Stuhl, der zugleich Thron, Nachtstuhl und Rollstuhl ist? Ist es ein Irrtum, den Urstuhl überhaupt unter den Stühlen zu suchen? Ist das Urbild des Stuhles als etwas Abstraktes bei der Funktion des Stuhles zu vermuten, die im »bequemer Sitzen« besteht, ja, weil dieses »bequemer« schon eine Ausweitung der Möglichkeit bedeutet, überhaupt zu sitzen, ist der Urstuhl nicht schon im Sitzen als Idee vorhanden? Weil sich jedoch etwas setzen muß, um sitzen zu können, und weil dieses Etwas, um sitzen zu können, auch etwas besitzen muß, womit es sitzen kann, geht es Platon mit seinem Urstuhl, worauf er sitzen, wie mir mit meinem Publikum, das ich anreden möchte: Jener zieht sich in ihn und dieses in mich zurück, ich brauche nicht ausführlicher zu werden. Wir sind beide gescheitert. Platon wollte die Sprache aus ihrer Mehrdeutigkeit befreien, mit der die Sophisten spielten, und aus ihr etwas Eindeutiges, ein Instrument des Wissens schaffen und ich die Sprache vor Floskeln bewahren, von denen sie heute immer mehr umstellt wird, so sehr, daß selbst eine Anrede zu einem Problem wird. Nun ist natürlich das Scheitern Platons nicht das gleiche wie das meine, das Scheitern einer Großmacht ist nicht dasselbe wie das Scheitern eines Kleinbetriebes, wohl aber können die beiden am gleichen scheitern, an der Ökonomie etwa, oder, auf Platon und mich bezogen, an der Sprache. Wir belasteten sie beide zu sehr. Sie stürzte unter dem Gewicht ein, das wir beide ihr zumuteten, weil sie uns beide verführte, ihr das Gewicht zuzumuten, das sie zum Einsturz brachte: Sie sollte mehr sein als nur eine Sprache. Ich, um mit dem harmloseren Fall zu beginnen, belastete die Sprache moralisch, sie sollte absolut wahr sein auf Kosten der Konvention, ohne die keine Sprache auskommt. Und auch nicht die Höflichkeit. Die Sprache ist kommunikativ, ihre Ungenauigkeiten, Mehrdeutigkeiten, Abgeschliffenheiten, Abkürzungen und nicht zuletzt ihre Gewohnheiten sind Beförderungsmittel des Sprachgerölls, sie mildern die Begriffe, machen sie erträglicher, ohne sie wird die Sprache zähflüssig. Die Kunst des Redens besteht im Andeuten, die des Schreibens im Schreiben zwischen den Zeilen. Platon dagegen belastete die Sprache mit dem Sein, die Sprache sollte nicht nur wahr sein, sie sollte auch die Wahrheit sein. »Klein«, »groß«, »schön« usw. sind nicht eindeutige Eigenschaftswörter, ein Atom ist etwas überaus Kleines und in seinem Verhältnis zum Kern überaus Großes, die Erde ist gegenüber dem Mond groß, gegenüber der Sonne klein, ›schön‹ ist ein subjektives Eigenschaftswort. Platon verwandelte die Begriffe ›Kleinheit‹, ›Größe‹, ›Schönheit‹ in Ideen, in Urformen zum Seienden, dem gegenüber etwas nur relativ Kleines, relativ Großes, relativ Schönes usw. nur dem Sein teilhaftig ist, mehr nicht-seiend als seiend. Doch auch die Sprache hat in allen ihren Funktionen ihre Wurzeln in der Urzeit. Sie entwickelte sich aus Warn- und Freudenschreien, aus Triumph- und Klagegeheul heraus, wurde informativ, aber auch magisch, wer gewisse Worte kannte, geheime Namen von Göttern, besaß Macht über Leben und Tod. Auch Platons Vermutung, daß hinter der Sprache sich Seiendes verberge, die Ideen, das Wesen der Dinge, ein absolut Objektives, ist im Grunde magisch, fortentwickeltes Denken der nur ahnbaren Urzeit, dann wieder in unsere Zeit hinweisend, Denkmöglichkeiten fortsetzend. Seine Vermutung, die er endlich erwog, die Ideen seien die Zahlen, weist einerseits auf die Pythagoreer zurück, die in den Zahlen Qualitäten sahen, anderseits ist sie eine Vorahnung der heutigen Physik, sah doch Platon seine Philosophie als Wissenschaft an, glaubte er doch zu wissen und nicht zu meinen, und sah er doch in der Mathematik das sicherste Wissen, ohne die es keine Wissenschaft gebe: Auch die Physik ist ohne Mathematik nicht denkbar. Diese arbeitet mit reinen Begriffen, einen dimensionslosen Punkt zu denken oder eine eindimensionale Gerade bereitet uns deshalb keine besonderen Schwierigkeiten, weil wir sie fingieren und ihnen kein Sein zuschreiben, sie sind reine Begriffe, Schwierigkeiten und erbitterte Streitigkeiten bekommen wir erst, wenn wir erklären wollen, wie wir das machen, in der Grundlagenforschung. Es gibt keine Wand, an der sich der Mensch nicht den Kopf einzurennen vermag, aber er kann Wänden aus dem Weg gehen. Der Punkt und die Gerade sind Abstraktionen, während der Punkt auf dem Papier, betrachten wir ihn durch das Mikroskop, als Anhäufung von Materie erscheint und die Gerade ebenfalls dreidimensional ist und überhaupt nicht gerade: Gründe, weshalb ich nicht begreife, warum eine vierte oder fünfte Dimension nicht ebenso im Geiste vorstellbar sein sollen wie die erste und zweite Dimension, oder keine, alle Dimensionen sind aus der dritten gefolgert, und die selber ist eine Abstraktion, ein reiner Begriff, eine Idee. Vielleicht sind nur mathematische Ideen Ideen, darum hat denn auch die Mathematik etwas Expandierendes. Ihren Ideen sind keine Grenzen gesetzt, eine Vollendung der Mathematik ist undenkbar. Die Mathematik läßt sich rein nur als Schrift wiedergeben, wenn auch deren Wurzeln in der Sprache liegen. Wenn Jean Paul in seiner Kritik der Philosophie Fichtes das, was sprachlich ausdrückbar, von dem unterscheidet, was nur denkbar ist, so könnte von der Schrift der Mathematik als technischem Hilfsmittel gesagt werden, daß sie nur noch ins Denkbare zurückzuübersetzen ist. Die Gedankenschrift der Mathematik ist abstrakter, als es je die abstrakte Kunst zu sein vermag. Doch gerade weil die Physik nur in Richtung auf die Mathematik hin zu interpretieren versucht und damit das Wagnis eingeht, die Wirklichkeit den mathematischen Ideen unterzuordnen, ist ihre Sprache notwendigerweise jene der Mathematik, ohne daß die Physik selber Mathematik ist. Ihre Verbindung mit der Mathematik setzt ihr vielmehr unerbittliche Grenzen: Nur das ist physikalisch, was sich mathematisch ausdrücken läßt, die formale Seite der Natur, die Natur als Idee.

Samuel Gagnebin, Professor an der Universität Neuchâtel, Mathematiker und Denker, ein großer Kenner Spinozas, konnte sich, als er hundertundeinjährig den *Timaios* wieder las, nicht genug darüber wundern, daß Platon die Atome als zweidimensionale Dreiecke dachte. »Quelle drôle d'idée«, lachte er. Auch belustigte ihn ungemein

Platons Erzählung, der Demiurg habe, nachdem er die Welt, die Götter und die unsterblichen Seelen erschaffen, den Göttern befohlen, nun ihrerseits sterbliche Pflanzenhüllen, Tierkörper und Menschenleiber zu schaffen, damit die Schöpfung vollkommen werde, weil zur Vollkommenheit auch Unvollkommenes gehöre. Platons Demiurg, lachte Gagnebin, sei müde geworden, und als ich ihm entgegnete, auch der Gott der Bibel sei offenbar nach den sechs Tagen der Welterschaffung erschöpft gewesen, sonst hätte er nicht ausruhen müssen, meinte er, aber der sei nicht eingeschlafen wie Platons Demiurg, von dem man nachher nichts mehr höre. Nun möchte ich den Einfluß Platons auf das Christentum nur erwähnen, Augustin konnte sich den *Timaios* nur mit der Annahme erklären, Platon habe in Ägypten vom Propheten Jeremias gehört. Platons Seelenlehre, sein Verpflanzen von Paradies, Fegfeuer und Hölle aus den Mythen in seine kosmologischen Entwürfe usw. beeinflußten das Christentum weit mehr, als Aristoteles es tat, gab dieser das logische Gerüst, gab Platon die Phantasie. Aber nicht nur das Christentum ist eine platonische Religion, auch der Einfluß Platons auf die Physik ist weitaus größer, als es sein Verdacht, die Ideen seien Zahlen, vermuten läßt: Wenn Aristoteles schreibt: »Ein bewegter Körper kommt zum Stillstand, wenn die Kraft, die ihn antreibt, nicht länger auf ihn wirkt«, so entnimmt er diesen Satz der Beobachtung: Sobald die Belagerungsmaschinen seines Schülers Alexander des Großen nicht mehr von den Soldaten vorwärtsgestoßen wurden, blieben sie im Morast stecken, wenn es dagegen bei Newton heißt: »Jeder Körper verharrt in seinem Zustand der Ruhe oder der gradlinig, gleichförmigen Bewegung, solange er nicht durch einwirkende Kräfte gezwungen wird, diesen Zustand zu ändern«, so ist dieses Gesetz nicht aus einer Beobachtung, sondern aus einer Vorstellung gefolgert. Newton dachte sich eine ideale Natur, er dachte sich die Natur als Idee, gleichsam als abstraktes Kunstwerk, der Boden ist vollkommen eben, die Räder der Belagerungsmaschine vollkommen rund und vollendet geschmiert, und auch die Luft ist weggedacht, die Stadt, die sie rammen soll, liegt in der Unendlichkeit, so daß auch die vollkommene Ebene, die zu ihr führt, unendlich ist. Alexander braucht auch keine Soldaten, er gibt der riesigen Belagerungsmaschine nachlässig mit seiner Rechten einen leichten Schubs, berührt sie kaum, und vom Schubs angetrieben, rollt die Belagerungsmaschine in einer gradlinig gleichförmigen Bewegung der Stadt entgegen. Sie rollt noch immer. Eine Ewigkeit lang. Die Physiker denken sich eine Welt zurecht, in der die Naturgesetze zum Vorschein kommen. Es ist eine platonische Welt, nur ist der Demiurg kein Gott, sondern der Mensch. Die Naturgesetze, die er findet, sind nicht seiend, sondern weisen auf Seiendes hin. Darum sind sie auch verifizier- oder falsifizierbar, während die Ideen Platons weder widerlegbar noch beweisbar sind: Platon hielt sie für göttlich. Eine physikalische Idee muß fallengelassen werden, erweist sie sich als unhaltbar. Der Äther, unsichtbar, unwägbar und gleichzeitig unendlich starr, das Medium, in welchem sich die Lichtwellen fortpflanzen sollten und durch welches die Fernwirkung der Schwerkraft erklärbar geworden wäre, erwies sich durch das scharfsinnige Experiment Michelsons und Morleys als nicht-nachweisbar und wurde aufgegeben. Die platonische Ideenwelt der Physik ist von der Realität abstrahiert und wird durch das Experiment, das wiederum die Realität abstrahiert, widerlegt oder bestätigt. Platon destilliert aus der Sprache mit seiner dialektischen Methode reine Begriffe, die wie riesenhafte, aber inhaltslose Wortblasen in der intelligiblen Welt seines Geistes verschwinden.

Dann griffen ganz andere Demiurge zu: die Techniker. Sie interpretierten nicht die Welt, sie veränderten sie. Sie waren die Werkzeuge der Evolution, die wahren Karl Marxe, denen wir in der Urzeit nicht nur die Beherrschung des Feuers, die Erfindung der Waffen, sondern auch jene der Schrift und des Geldes zutrauen. Mehr noch: Was die Dinosaurier, die bis jetzt erfolgreichsten Lebewesen, während der vielen Millionen Jahre ihrer Herrschaft aus ihrem Skelett schufen, indem sie ihre Knochen umfunktionierten, so daß die Bestien die Luft, das Land und das Meer beherrschten, schafft der Mensch durch die Prothesenwelt seiner Maschinen. Auch sie gehören zur menschlichen Biologie, die Technik durchwächst den Menschen, wird ein Teil von ihm, von seinem Leib und von seinem Geist. Ihre Grundideen stammen von der Wissenschaft, aber hat sie eine Idee einmal übernommen, jagt ein Einfall den andern. Längst ist sie mit der Wissenschaft verschmolzen, keine der exakten Wissenschaften ist ohne sie noch denkbar. Die Industrielandschaft des CERN bei Genf, um theoretisch voraus berechnete Partikel aufzuspüren, zugleich ein technisches und wissenschaftliches Großunternehmen, über dreitausend Techniker, Verwaltungsbeamte, Sekretärinnen, Physiker, dazu Gäste, ein Riesenbetrieb, Regierungen im Hintergrund, Überlegungen, ob das Ganze überhaupt noch finanziell tragbar sei, ganz Europa ist beteiligt, die Anlage ist schon über die Grenze gewuchert, und doch ein Resultat des Gedankens eines Mannes, der müde vor Jahrtausenden am Strande lag und Sand durch die Finger auf seine nackte Brust rieseln ließ, einer Vision, die durch all die Jahrhunderte hindurch durch Hirne gefiltert wurde, bis sie zu einem Modell wurde, dann zu einem immer komplizierteren Gebilde, aus einer Art Planetensystem zu einem Nebel, endlich nur noch denkbar, nur noch mit Gleichnissen umschreibbar, gleichzeitig zu einem magischen Wort geworden, furchteinflößend wie ein magisches Wort der Urzeit, als hätte die Vision nur dank der Magie überlebt, die ihr anhaftete, so daß es den Menschen als Frevel erscheint, das Unteilbare zu trennen, und wie ich darüber nachdenke und darüber, daß der gleiche Mann, den die Vision von den Atomen überfiel, sich vorstellte, in den leeren, gleißenden Himmel über ihn starrend, im Kosmos gebe es einen leeren Raum und auch außerhalb des Kosmos einen leeren Raum, und daß sich unzählige Welten in dem unendlich Leeren aus zahllosen Atomen bildeten, tauchen die stillen Kuppeln über den Tannenwäldern eines Berges in der Nähe San Diegos vor mir auf, Mount Palomar. Wanderer mit Rucksäcken, es war wie in der Schweiz, wir wurden eingelassen. Das größte Präzisionsinstrument der Welt, ein Fünf-Meter-Durchmesser-Spiegelteleskop, zwar hätten die Russen noch ein größeres, aber das habe Gott sei Dank einen Sprung und sei unbrauchbar, allerdings Mount Palomar langsam auch, die Lichter von Los Angeles und San Diego trüben den Nachthimmel. Im Gegensatz zum CERN waren wenig Menschen anzutreffen, der Verwalter, zwei Astronomen, ein Techniker, der andere schlief. Man führte mir das Riesenteleskop vor, ließ die Kuppel öffnen, dann kreisen. Ein Mittelding von Kran und Lift schob mich sieben, acht Meter hoch über den gewaltigen Spiegel auf den Sessel, auf welchem einst Zwicky und Baade gesessen hatten. »Mein Gott, wenn das der Direktor wüßte«, murmelte der Techniker. Baade und Zwicky hatten noch Nächte hindurch beobachtet, in Wintermänteln und frierend unter der geöffneten Kuppel. Nun war alles automatisch, seit Jahren hatte kein Mensch mehr durch die Okulare geschaut, Fernsehkameras ersetzten das menschliche Auge, sie arbeiten allein in den Nächten unter der spaltweise geöffneten, sich langsam drehenden Kuppel. Wir gingen in ein Nebengebäude. Die ›Jupitersymphonie‹ scholl uns entgegen. Der Astronom saß an seinem Computer und fütterte die Daten des Spektrographen ein, die dieser die Nacht über analysiert hatte, Zahlen auf einem Monitor, das aufgenommene farbige Spektrogramm war schon in Zahlen zerlegt. Auf einem anderen Monitor war das Objekt abgebildet, das die Kameras aufgenommen hatten, auch es schon bearbeitet, auf einer weißen Fläche die Sterne als schwarze Punkte, die sich zu einem linsenartigen Gebilde häuften. Eine Seyfert-Galaxis, sagte er, kaum zu verstehen, so laut war Mozart, und dann sagte er: »Er fugiert.« Die ›Jupitersymphonie‹ war zu Ende. Gelangweilt fütterte der Astronom weiter. »Eine Sekretärin kann ich mir nicht leisten«, sagte er. Ich fragte eingeschüchtert, weil ich einc Sekretärin beschäftige, ob es stimme, was ich unmittelbar vor meiner Abreise im schweizerischen Rundfunk in den Nachrichten gehört hatte, daß man eine Milchstraße entdeckt habe, die ungleich größer sei als die unsrige. »Keine Ahnung«, sagte er, er beschäftige sich nur mit Seyfert-Galaxien, und legte die zweite G-moll-Symphonie auf. Draußen fragte ich nach dem Archiv. Tausende von Aufnahmen, darunter die berühmte der ersten Supernova, die Zwicky in einer fernen Milchstraße fotografiert hatte. Sonnen, Welten, und wieder mußte ich an den in den gleißenden Himmel blinzelnden Leukipp denken. Sicher besaß er einige Sklaven, dem Astronomen, den ich verlassen hatte, standen nur einige Maschinen zur Verfügung, aber was für welche. Die Griechen konnten sich eine Welt ohne Sklaven nicht denken, auch Platon nicht, einen Sklaven gab es auch als Idee, als einen von Gott geschaffenen, abstrakten, ewigen Sklaven, und der Staat, wie er sich ihn als Idee von einem Staat dachte, wäre, hätte er ihn errichten können, und er versuchte es dreimal, eine Hölle von Staat geworden, auch wenn es sein Zweck war, das Gute zu verwirklichen. Aber ihm galt der Mensch nichts, nicht weil er ihn verachtete, sondern weil er ihn geteilt hatte. In Wesentliches und Unwesentliches, nicht nur in Seele und Leib, sondern auch in wesentliche und unwesentliche Menschen, so daß es wesentliche Menschen mit wesentlichen Seelen, zum Beispiel Aristokraten und Philosophen, und unwesentliche Menschen mit unwesentlichen Seelen gab, zum Beispiel Frauen und Sklaven. Ihm galt die Idee alles, weil der Mensch vergänglich war, nur ein Abbild seiner Seele, und allein die Seele ewig, doch auch sie nur ein Abbild der Uridee des Guten, Schönen und Wahren. Sie ist ein Wert. Die Wissenschaft ist wertfrei, wie sollte auch ihre abstrahierte und durch Zyklotrone und Spiegellabyrinthe gejagte und in binäre Zahlen zerlegte Welt Werte erhalten, sie ist rein ästhetisch, schön, doch jenseits von Gut und Böse. Jahwe brannte seine Zehn Gebote in abgewandelter Keilschrift in zwei steinerne Tafeln, die er aus dem Berge Sinai gebrochen hatte. Er war eine Persönlichkeit, und was für eine, der mit seinen Geboten Werte setzte, und was für welche, er war in die Welt integriert, während in einem expandierenden und explodierenden Universum, durchschossen von kosmischen Katastrophen, kein persönlicher Gott mehr denkbar ist, es sei denn als Weltprinzip. Mit Jahwe konnte Moses ringen, Hiob hadern, man kann ihn lieben, man kann ihn hassen, preisen oder verfluchen, das Weltprinzip Gott kann man bewundern oder wegdenken. Es hinterläßt keine Lücke. Es gibt keinen Grund, es anzunehmen. Gut und Böse sind Sache des Menschen geworden. Doch als ich Mount Palomar verließ, stieg in mir der Verdacht hoch, die Einfälle der Techniker seien Platons Ideen und wir die Abbilder dieser Ideen. Wer durchforschte nun eigentlich unsere Welt, der gewaltige Teilchenbeschleuniger in Genf oder die Physiker, das Riesenteleskop auf dem Mount Palomar oder der Astronom? Wer ist von wem abhängig, ist wessen Sklave, dachte ich, zum Mietwagen gehend, während die G-moll-Symphonie mir nachdröhnte.

Die Wissenschaft interpretiert, die Kunst stellt dar, die Wissenschaft zielt auf das Eindeutige, die Kunst auf das Mehrdeutige, die erstere auf den Begriff, die letztere auf das Bild, die eine auf die Idee, die andere auf die Vision. Wissenschaft und Kunst sind nicht gleiche, aber gleichberechtigte Schöpfungen des Menschen. In beiden gibt es einen Fortschritt, in der Wissenschaft, indem sie zu immer neuen Interpretationen gezwungen wird, in der Kunst, indem ihr die Technik immer neue Möglichkeiten zuspielt: Nicht umsonst brauchten die Griechen für die Kunst und die Technik das gleiche Wort. Wie die moderne Wissenschaft ohne Fotografie gar nicht denkbar ist, so die moderne Kunst ohne Film nicht. Mag uns der Grund nicht mehr einleuchten, warum Platon in seiner *Politeia* Hesiod,

Homer, die Tragiker und die Komödiendichter als poetische Nachahmungsdichter aus seinem Staat vertrieben haben wollte, weil es diesen nämlich leichtfalle, »darüber zu dichten, ohne die eigentliche Wahrheit davon zu kennen, denn Trugbilder und keine wirklichen Wesenheiten stellen ja die Nachahmer dar«, so ist nicht zu übersehen, daß damit ein Begriff in die Kunst geriet, wenn auch nicht mehr im tadelnden Sinne Platons, der sich in ihr lange halten sollte, der Begriff der Nachahmung (Mimesis). Aristoteles führte den Gedanken, daß Kunst Nachahmung sei, weiter: »Epos, Tragödie, Komödie, Dithyrambendichtung, ferner der größere Teil der Flötenkunst und Kitharakunst sind alle insgesamt Nachahmungen«, heißt es gleich zu Beginn seines Fragments *Über die Dichtkunst*. Noch Jakob Burckhardt konnte über Rembrandts ›Selbstbildnis mit Saskia‹ schreiben: »Es genügt zu fragen: Was würde aus dieser Gestalt, wenn sie aufstände?« Auch bezweifle ich, daß mit der Entdeckung der Perspektive das »wissenschaftliche Zeitalter« angebrochen sei, fällt doch gerade die Perspektive in der Malerei unter den Begriff der Nachahmung. Sie ist ein Kunstgriff, auf einer zweidimensionalen Fläche Dreidimensionalität darzustellen. Die Nachahmung ist für die Kunst ein unglücklicher Begriff. Er wurde erst durch die neuen Kunstmöglichkeiten durchbrochen, welche die Fotografie und der Film geschaffen haben, durch sie wurde die Malerei von der Nachahmerei befreit. Und nicht nur sie, auch die Fotografie und der Film selber: Gerade weil diese neuen Medien die Nachahmung perfekt beherrschen, lernten sie darzustellen, den Menschen neu zu sehen. Die Kunst stellt sich der Welt nicht minder als der Denker: Sie stellt ihr Visionen gegenüber. Der im Sturm herumirrende Lear, die zwei Jammergestalten, die auf Godot warten, Stubb, der in den riesigen Kadaver eines Pottwals steigt, um Ambra zu holen, Emilia, die ihren Vater zwingt, sie zu töten, weil er keine Ahnung hat, was Versuchung ist, Fellinis hilfloser Journalist, der über das Meer rudert, allein im Boot mit einem Rhinozeros, mit diesem Sinnbild unserer sturen Welt. Doch auch das Nichtabbildbare wird abbildbar. Ich denke hier nicht nur an das ›Paradies‹ von Hieronymus Bosch, an diesen Trichter in den Raum, der zu einer immer gewaltigeren Helle führt, zu einem Raum hinter dem Raum, oder an Piranesi, dessen Kerker sich wie im Vierdimensionalen verlieren, ich denke an den Ledersessel meines toten Freundes Varlin, mich hat er in ihm porträtiert und viele andere, bis er, in einem seiner letzten Bilder, nur noch ihn porträtierte: ›Mein Sessel‹. Es sind eigentlich zwei Stühle, die er malte, denn sieht man genauer hin, so ist ein weiterer Stuhl zu entdecken. Ist der Ledersessel zerrissen und schmutzig, voll Farbe und öldurchtränkt, wäre es aus anderen Gründen nicht möglich, auf dem zweiten Stuhl zu sitzen, so perspektivisch unwirklich ist er und doch so merkwürdig sorgfältig hingemalt, als gäbe es diese Fehlkonstruktion wirklich. Dagegen deuten über dem mächtigen Zerfall seines Ledersessels einige flüchtige Kohlenstriche eine Kommode an. Auf dieser liegen quer übereinander, als bräche der Vollmond zwischen dunklen Wolken hindurch, einige weiße Lilien. Sie rücken den Ledersessel ins Finale, Endgültige, und mir ist, als ob sich im perspektivisch verunglückten Stuhl im Hintergrund und im zerfallenen Ledersessel Platons Urbild eines Stuhles manifestierte, als ob zwischen den beiden Sesseln sämtliche Stühle der Welt als Möglichkeit ahnbar würden, mehr noch: als ob diese Varlin-Welt der

Stühle die Welt wäre, die von uns einmal übrigbleibt, die Welt der explodierten Neutronenbombe, in der es nur noch sinnlose Dinge gibt, aber kein Leben, nur noch Formen, und so bin ich denn wieder auf Platon zurückgeworfen. Meine erste Seminararbeit in meinem Philosophiestudium galt ihm, seiner Kritik an den Dichtern, und das Höhlengleichnis, mit dem das Siebente Buch der *Politeia* beginnt, mit den von Kind auf an Schenkeln und Nacken gefesselten Menschen, die nur auf die Schattenbilder einer Wand zu starren vermögen, ist einer der Gründe, weshalb ich Schriftsteller wurde: um Weltgleichnisse zu finden. Platon ist im Höhlengleichnis der mächtige Vorgänger Kafkas, er stellte die Grenze des Erkennbaren dar, wie Kafka die Grausamkeit der Gerechtigkeit und die Willkür der Gnade darstellte jenes Gottes, an den er glauben sollte. Doch Platon, dieser erste moderne Schriftsteller, scheinbar alles aus dem Intellekt konstruierend, gelang noch mehr. Ohne Platon wäre Sokrates ein Fall unter anderen geblieben, eine gewiß für Philologen interessante Erscheinung wie etwa Diogenes, hin und wieder auf einer Bühne lebendig in den *Wolken* des Aristophanes. Erst durch Platon wurde er zur Weltfigur, zum Mann, der den Schierlingsbecher trinken mußte, weil er lieber Unrecht leiden als Unrecht tun wollte, der wußte, daß er nichts wußte. Durch Platons Kunst rückt dieser Mann immer mehr ins Heute, mahnend und nicht ohne Ironie, sind wir doch dabei, seine Parodie zu werden. Denn, wenn wir einmal den Schierlingsbecher trinken müssen, dann nur weil wir lieber das Unrechte tun als das Rechte leiden wollen, und weil wir nicht wissen, daß wir etwas wissen.

Das Theater als moralische Anstalt heute

Rede zur Verleihung des Schiller-Gedächtnispreises des Landes Baden-Württemberg
1986

Meine Damen und Herren
Nach mehr als vierzigjähriger Schriftstellerei als einzigem Beruf, den ich zwar nie gelernt, aber seit 1945 ausschließlich ausgeübt habe, bin ich nicht ungeübt im Entgegennehmen von Preisen. Zuerst bekommt man sie als einer, der zu bestimmten Hoffnungen berechtigt, später als einer, der zwar nicht alle Hoffnungen erfüllte, aber es zu einigem Ruhm brachte, endlich als eine Art Ehrensold für einen ausgedienten Recken des Schlachtfeldes der Literatur, zwischen erlegten Schriftstellern herumhumpelnd, die alten und neuen Wunden teils vernarbt, teils verbunden, bespickt und umsaust von bald berechtigten, bald stumpfen Pfeilen der Kritik. Wenn ich nun noch mit dem Schillerpreis des Landes Baden-Württemberg dekoriert werde, so empfinde ich bei diesem Festakt sogar einen Stolz besonderer Art, habe ich es doch in Sachen Schillerpreise zu einer gewissen Meisterschaft gebracht: Dieser ist der dritte. Sei es nun aus Zufall, aus Glück oder gar aus Übung. Der erste fiel mir 1959 in Mannheim zu, der zweite 1961 in Zürich, und nun darf ich den dritten hier entgegennehmen müssen. Diese grammatikalisch nicht ganz dudenreine Formel ist mir wohl unterlaufen, weil mit

dem Preis-entgegennehmen-Dürfen auch ein Rede-halten-Müssen verbunden ist. Hielt ich in Mannheim, in der Meinung, wenn ich schon einen Schillerpreis erhalte, müsse ich auch über Schiller sprechen, eine ausgedehnte Rede, vor mir ein strapaziertes Publikum, unter mir ein zeitungslesendes Orchester, hinter mir ein gemischter Chor, der dann Freude schöner Götterfunken, Tochter, Sie wissen es, aus Elysium, sang, fiel meine Rede in Zürich bedeutend kürzer aus, beinah bündig, von ihr halte ich nur noch die Sätze bedenkenswert, die falsche Weihe, die allzu große Mission, der tierische Ernst schadeten auf der Bühne, die nicht die Welt sei, nicht einmal deren Abbild, sondern eine vom Menschen erdichtete, erfabulierte Welt, in der die Leiden und Leidenschaften gespielt seien und nicht erduldet werden müßten und in welcher der Tod selbst nicht etwas Schreckliches, sondern nur einen dramaturgischen Kniff darstelle. Das Theater sei an sich komödiantisch, und auch die Tragödie, die es spiele, könnte es nur durch die komödiantische Lust an eben der Tragödie vollziehen. Aber gerade dadurch, daß das Theater Theater sei und nichts anderes, scheinbar das Unverbindlichste, werde es etwas Verbindliches, ein Gegenüber, ein Objektives, ein Maßstab, denn es vermöge nur an das Gewissen der Menschen zu appellieren, wenn es dies aus seiner Freiheit heraus tue, das heißt unwillkürlich. In der unwillkürlichen Moralität des Theaters liege seine Moral, nicht in seiner erstrebten. Mehr wäre auch heute zum Theater nicht zu sagen, außer daß ich, vorsichtiger geworden, statt das Gewissen der Menschen das Gewissen einiger Menschen formulieren würde, denn verhältnismäßig gehen ohnehin nur wenige ins Theater, und bei den wenigsten der wenigen, die ins Theater gehen, spielt ihr

Gewissen mit. Nun kann nicht verschwiegen werden, daß Schiller unter der ›Schaubühne‹ – wie er das Theater nannte – etwas anderes verstand als eine Kunstform, die unwillkürlich wirkt, das heißt ungewollt, zufällig, oft ihren Intentionen entgegengesetzt, weil das Gewissen im Subjekt wurzelt, im einzelnen, nicht im allgemeinen, nicht im Publikum, weshalb einer von einem Theaterstück getroffen werden kann, ein anderer nicht. Schiller, von Kant beeinflußt, glaubte nicht nur an eine allgemein verpflichtende Vernunftsmoral, sondern auch an eine allgemein verpflichtende Vernunftsreligion. So führt er 1784 in seiner Vorlesung *Was kann eine gute stehende Schaubühne eigentlich wirken?* aus, derjenige, welcher zuerst die Bemerkung gemacht habe, daß eines Staats festeste Säule die Religion sei, daß ohne sie die Gesetze selbst ihre Kraft verlören, habe vielleicht, ohne es zu wollen oder zu wissen, die Schaubühne von ihrer edelsten Seite verteidigt. Eben diese Unzulänglichkeit, diese schwankende Eigenschaft der politischen Gesetze, welche dem Staat die Religion unentbehrlich mache, bestimme auch den Einfluß der Bühne. Gesetze seien glatt und geschmeidig, wandelbar wie Laune und Leidenschaft – Religion binde streng und ewig. Religion (er trenne hier ihre politische Seite von ihrer göttlichen), Religion wirke im ganzen mehr auf den sinnlichen Teil des Volks – sie wirke vielleicht durch das Sinnliche allein so unfehlbar. Ihre Kraft sei dahin, wenn wir ihr dieses nähmen – und wodurch wirke die Bühne? Religion sei dem größern Teile der Menschen nichts mehr, wenn wir ihre Bilder, ihre Probleme vertilgten, wenn wir ihre Gemälde von Himmel und Hölle zernichteten –, und doch seien es nur Gemälde der Phantasie, Rätsel ohne Auflösung, Schreckbilder und

Lockungen aus der Ferne. Welche Verstärkung für Religion und Gesetze, wenn sie mit der Schaubühne in Bund träten, wo Anschauung und lebendige Gegenwart sei, wo Laster und Tugend, Glückseligkeit und Elend, Torheit und Weisheit in tausend Gemälden faßlich und wahr an dem Menschen vorübergingen, wo die Vorsehung ihre Rätsel auflöse, ihren Knoten vor seinen Augen entwickle, wo das menschliche Herz auf den Foltern der Leidenschaft seine leisesten Regungen beichte, alle Larven fielen, alle Schminke verfliege und die Wahrheit unbestechlich wie Rhadamanthys Gericht halte. Später fährt Schiller fort, noch deutlicher werdend, wohin er ziele, daß, falls es die Oberhäupter und Vormünder des Staates verstünden, sie, vermittels der Schaubühne, die Meinungen der Nation über Regierung und Regenten zurechtweisen könnten, weil jede gesetzgebende Macht hier durch fremde Symbole zu den Untertanen sprechen, sich gegen seine Klagen verantworten, noch ehe sie laut würden, und seine Zweifelsucht bestechen würde, ohne es zu scheinen, das heißt wohl, ohne als Bestecher dazustehen, ja, daß sogar Industrie und Erfindungsgeist vor dem Schauplatz Feuer fangen könnten und würden, wenn die Dichter es der Mühe wert hielten, Patrioten zu sein, und der Staat sich herablassen wollte, sie zu hören. Genau gesehen ist es ein Geschäft, das Schiller vorschlägt. Der Staat solle das Theater unterhalten und das Theater den Staat erhalten helfen, für Geld Moral, wobei Schiller freilich dieses Geschäft an eine Bedingung knüpft, die er nur en passant erwähnt, als verstünde sie sich von selbst, die Bühnendichter und die Bühne seien nur dann imstande, patriotisch zu wirken, wenn der Staat auch auf sie höre. Dieses Geschäft hat sich in den zweihundert Jahren, seit es von Schiller vorgeschlagen wurde, höchst merkwürdig modifiziert. Aus den Regierungen und Regenten, die den einen Geschäftspartner bildeten, sind durch die technischen, wirtschaftlichen und in deren Folge politischen Umwälzungen einer in sich immer verflochteneren, bevölkerungsmäßig explodierenden Welt nur schwer variierbare institutionell legitimierte und funktionierende Apparate geworden, Staaten, keiner Moral, sondern Gesetzen unterworfen, durch die sie konstituiert wurden, und Forderungen, die sie selber erlassen haben, Gebilde jenseits von Gut und Böse wie monströse Verkehrsordnungen, während das Theater in eine noch seltsamere Lage geriet. War es einerseits bei Schiller das einzige Medium der dramatischen Kunst gewesen, bemächtigten sich derer durch die technische Entwicklung auch andere Medien, Film, Rundfunk, Fernsehen, gehorchen doch auch die Stücke, die für diese Medien gestaltet werden, dramaturgischen Gesetzen, andererseits wird das Theater nun vom Staat unterstützt wie noch nie, es luxuriert geradezu, wird selber zu einer komplizierten Institution, mit geregelten Arbeits- und geregelten Freizeiten für sein technisches, administratives und künstlerisches Personal. Vollständig in den Staat integriert, im Grunde unabhängig vom Publikum und ihm gleichgültig gegenüber, je nach personeller Konfiguration mit der Presse verfeindet oder verbrüdert, da sich Schauspieler, Regisseure, Intendanten, Kritiker und Schriftsteller in den gleichen elitären Gesellschaftskreisen bewegen, Fische im gleichen Aquarium, genießt die Schaubühne als moralische Anstalt eine vollkommene Freiheit, aber die Bedingung, die Schiller dem Staate gestellt hatte, er solle auf das Theater hören, ließ es fallen. Nicht etwa, weil der Staat auf die Moral der Schaubühne einging, die sie verkündigte, sondern weil er auf ihr Wesen einging: Die Politik wurde zur Bühne, auf der die Parteien sich selber zur Schau stellen mit dem Ziel, die Macht über den Staatsapparat zu erringen, wodurch der unpersönlich gewordene Staat wieder etwas Persönliches zu sein scheint. Dank des Rundfunks und des Fernsehens ziehen die Politiker in die Wohnstuben ein, mimen Landesväter und Volksvertreter, entfachen Gefühle und Mitgefühle, Emotionen, Feindbilder, Gefahren, das christliche Abendland steht auf dem Spiel, der Sozialstaat ist in Frage gestellt, jede Wahl wird zur Jahrhundertwahl, zur Schicksalswende, die an der Macht sind, verteufeln jene, die an die Macht wollen, und die an die Macht wollen jene, die an der Macht sind. Weil jedoch zu den Idealen, die keine Partei in Frage stellt, vor allem die Freiheit gehört und weil diese dort, wo sie fragwürdig ist, gefährlich wird, in der Industrie nämlich, die, verflochten mit der Weltwirtschaft, zum Wettbewerb verdonnert, verflucht ist, sich immer mehr zu rationalisieren, will sie rentieren, und damit immer wieder solche in die Freiheit entläßt, die sie nicht wollen, in die Arbeitslosigkeit als das irreversible Paradox der freien Marktwirtschaft, die nur auf Kosten jener vier Milliarden zu florieren vermag, die in der Dritten Welt leben, so läßt jede Politik die Freiheit dort zu, wo sie nicht schadet: in der Kultur. Eingeklemmt zwischen zwei Supermächten, deren unsinniges atomares Wettrüsten der Westen selber wettrüstend und Waffen verkaufend beklagt, braucht er seine kulturelle Freiheit als Alibi für seine mißbrauchte Freiheit. Wurde während des Krieges in der Schweiz Schillers *Don Carlos* gegeben, brach bei der Forderung des Marquis von Posa: »Geben Sie Gedankenfreiheit« das Publikum in einen tosenden

Applaus aus. Heute schweigt das Publikum, Gedankenfreiheit haben alle, dem Theater sind durch seine Freiheit die Zähne gezogen. Als zahnlose Bestie fletscht es uns entgegen. Doch was für das Theater gilt, gilt für den ganzen Kunstbereich, höchstens was den lieben Gott betrifft und die Pornografie gibt es je nach politischer Landschaft gewisse zaghafte Widerstände, doch fürchtet sich bald jede Staatsmacht, als rückständig zu gelten. Der Versuch, mit der heutigen Kunst Protest zu erregen, wird immer schwieriger, so schwierig, daß ein Intendant in der verzweifelten Suche nach Mut ein Stück aufführen läßt, um mit diesem, das sonst niemand aufführen würde, weil es nicht einmal antisemitisch ist, sondern schlecht, einen Protest zu erzielen, worauf diejenigen, von denen man den Protest erwartet, prompt hereinfallen und protestieren: die Komödie von Frankfurt. Das frei gewordene Theater muß sich, will es noch immer um seine Freiheit kämpfen, seine Unfreiheit selber erschaffen. Die heutige Kunst gleicht einem Stück Land, das, vom Ufer losgerissen, einen Strom hinunter treibt, einem Katarakt entgegen, sich dabei in mehrere Inseln aufteilt. Ein jeder kann sich auf seiner Insel frei bewegen, der Richtung des Stroms entgegenschreiten, rundherum rennen, auf dem Kopf stehen, es ist gleichgültig, was er treibt, die Insel treibt dem Katarakt entgegen, die Kultur, unfähig, den Verlauf des Stromes zu ändern oder sein immer schnelleres Dahinschießen zu verhindern, ist unwirksam geworden, überflüssig dem Weltgeschehen gegenüber. Schreiben wird zur privaten Angelegenheit, die allzuleicht in die Gefahr gerät, privat zu werden. Wer aber heute vorgibt, für die Ewigkeit zu schreiben, ist ein Narr. Das Ende der Menschheit, noch in meiner Jugend in astronomischer Milliardenjahren-

Ferne durch ein Aufblähen der immer heißeren Sonne, verknüpft mit der Hoffnung, die Menschheit würde inzwischen schon einen Weg gefunden haben, sich im Weltall anderswo anzusiedeln, ist durch den Menschen selber jederzeit möglich geworden. Tritt die atomare Selbstvernichtung nicht ein, gerät die Menschheit in eine noch nie geahnte geopolitische Zwangslage, Eingriffe in die Wirtschaft und in die Persönlichkeitsrechte werden notwendig, politische Umwälzungen. Die Menschheit, will sie nicht im Chaos versinken, wird vor dem schwersten Problem stehen, vor dem sie je stand, vor dem Frieden, waren doch die Kriege nur möglich, weil wir ihn nie zu meistern wußten. Auch heute nicht. Nun ist mir bewußt, daß ich eine dunkel grundierte Rede halte: unangemessen dem Fest, aber angemessen der Zeit, aber heute sprechen wir allzu sehr von dem, was wir sollten, aber allzu selten von dem, was ist, denn was wir sollten, hätten wir längst wollen sollen, es ist sinnlos, auf einem lecken Schiff von den Rettungsbooten zu sprechen, die fehlen. Doch wenn sich heute niemand von der Pflicht nachzudenken dispensieren darf, um so weniger von der Pflicht, sich jener Frage zu stellen, der er so gerne aus dem Wege geht, der Frage, warum er denn, wenn er schon sein Schreiben für sinnlos halte, weiterhin, wenn vielleicht auch nicht mehr Komödien, so doch Prosa schreibe. Ich weiß nur eine Antwort: Bin ich von Schiller gekommen, möchte ich mit einem Manne schließen, der von 1708 bis 1777 lebte, einundvierzig Jahre vor Schiller geboren wurde, diesen durch seine Lehrgedichte beeinflußte und im Jahre starb, als Schiller *Die Räuber* zu schreiben begann, einer unserer vergessenen Nationaldichter, noch bedeutender als Chirurg, Botaniker, Physiolog und Anatom, Professor in diesen Fächern in Göttingen, eine der berühmtesten Kapazitäten in seinen Wissenschaften des 18. Jahrhunderts, Albrecht von Haller, der wahrscheinlich Lessing veranlaßte, dessen Trauerspiel *Samuel Henzi*, das schon begonnen und angekündigt worden war, liegen zu lassen. Henzi hatte versucht, die Regierung Berns zwar nicht zu stürzen, aber doch zu etwas mehr Demokratie zu bewegen, und wurde dafür am 17. Juli 1744 hingerichtet. Es hätte der Schweiz gutgetan, wenn sie neben Schillers *Wilhelm Tell* Lessings *Samuel Henzi* als Nationaltragödie bekommen hätte. 1753 kehrte Haller nach Bern zurück. Schon in Göttingen begann er das Tagebuch seiner Beobachtungen über Schriftsteller und über sich selber zu schreiben. Es wurde 1787 in der Hallerschen Buchhandlung in Bern von einem gewissen Heinzmann herausgegeben. Der zweite Band ist voller Selbstanklagen, Haller, geschüttelt vor Furcht, nach seinem Tode keine Gnade zu finden, fühlte sich mitschuldig am Tod seiner zwei Ehefrauen, als Arzt wußte er, daß er sie infiziert hatte, in seiner letzten Eintragung acht Tage vor seinem Tod schrieb er, er könne es nicht verhehlen, der Anblick des ihm so nahen Richters sei ihm furchtbar, wie wolle er vor diesem bestehen, wozu freilich der Herausgeber in einer Fußnote bemerkt: »So starb Haller der Ungläubige, oder der vom Mohnsaft zur Andacht hinaufgetriebene Hyperorthodoxe«, und darunter steht mit Tinte geschrieben: »Man ließ mich am Tage seines Todes dringend zu ihm bitten; ich war aber auf dem Lande, als ich späth in die Stadt kam, ging ich eilend hin, fand ihn aber seit einer 1/4 Stunde tod. Herr Pfarrer Hopf war bey seinem Tode gegenwärtig. Der große Beobachter fühlte seinen Puls und im entscheidenden Puncte sprach er ›mein Gott! ich sterbe!‹ und starb.« Die Lehre des Christentums, daß der Mensch zwar prinzipiell verdammt, aber durch einen Gnadenakt unverdienterweise erlöst, doch wenn er sich dieser Gnade nicht würdig erweise, dennoch verdammt sei, ist deren stärkste Waffe. Dem Menschen ist die Hölle sicher und die Seligkeit nur möglich, aber unsicher, was die Kathedralen in den Himmel schießen und ihre Wände mit Kunstwerken sich bedecken ließ, doch möchte ich an dieser Stelle die katholische Kirche bitten, das unwürdige Dogma, sie allein mache selig, fallenzulassen, weil sonst in ihren Augen Auschwitz für die Millionen Juden, die dort vergast wurden, nur ein Durchgangslager zur Hölle sein müßte. Auch wenn Schiller Himmel und Hölle als Gemälde der Phantasie durchschaut, als Schreckbilder und Lockungen aus der Ferne, so wuchern sie so sehr im Unbewußten fort, daß Albrecht von Haller die Höllenqualen noch in jener Ewigkeit fürchtete, von der er schrieb: »Ich häufe ungeheure Zahlen, Gebirge Millionen auf; ich wälze Zeit auf Zeit, und Welt auf Welt zu Hauf und wenn ich, von der grausen Höhe, mit Schwindeln wieder nach dir sehe, ist alle Macht der Zahl, vermehrt mit tausend Malen, noch nicht ein Teil von dir, ich zieh sie ab und du liegst ganz vor mir«, doch jetzt, wie der Tod naht, in diesem Hereinbrechen der Wirklichkeit, auf dieser Klippe, von der aus der Mensch ins Nichts fällt, in diesem Augenblick der absoluten Freiheit, wo jede Schuld ihren Stachel verliert, wo jede Reue sinnlos wird, verschwindet auch die Furcht vor der Hölle, ebenso wie die Hoffnung auf Vergebung, die Neugier des Arztes, des Beobachters wird übermächtig, Haller fühlt seinen Puls und stellt seine letzte Diagnose. Dieses Bild begleitet mich, seit ich das Buch mit der handschriftlichen Notiz aus dem Jahre 1787 des Pfarrers von Wyttenbach in einem alten, mit Schwarten vollgestopften Antiquariat am Faubourg de l'Hôpital in Neuchâtel für fünf Franken erstanden habe. Der sich den Puls fühlende, sterbende Haller ist mir ein Sinnbild für mein Schreiben geworden. Zwar bin ich weder von der Furcht bedrängt, jenseits in die Hölle zu kommen, noch getröstet von der Hoffnung auf ein seliges Leben, auch bleibt mir, wie ich in meiner ersten Schiller-Rede im Jahre 1959 ausführte, um mit ihr zu enden und den Kreis zu schließen, ist doch ein vierter Schiller-Preis nicht mehr zu befürchten, wie jedem einzelnen, die Ohnmacht, das Gefühl, nicht mehr einschreiten, mitbestimmen zu können, aber auch die Ahnung einer großen Befreiung, von neuen Möglichkeiten, davon, daß nun die Zeit gekommen sei, entschlossen und tapfer das Meine zu tun, das noch Mögliche, im Wissen um die sinnlose Wirkungslosigkeit meines Tuns, weiterschreibend gleichsam meinen Puls zu fühlen, und das, Sie werden verblüfft sein, mit leicht erstauntem Humor, lebe ich doch, wenn ich meinen Puls fühle, und erreiche, unwillkürlich, durch einen nie voraussehbaren Zufall, einige, indem ich sie nachdenklich stimme oder, was mich auch etwas freut, ärgere. Es ist die Zeit, in der wir leben, unsere Zeit, fühle ich meinen Puls. Auch beim Schreiben. Ich habe es versucht. Es geht. Ich schreibe mit Bleistift.

Gibt es die ›Süddeutsche Zeitung‹ oder gibt es sie nicht?

1985

Die einzige Philosophie, die nicht zu widerlegen ist, ist auch nicht zu beweisen. Sie behauptet, es gebe nichts als ein Ich und die Welt sei sein Traum. Sie ist reine Philosophie, reine Ästhetik, reine Logik, die Welt nichts als Vorstellung, das Ich, das sich träumend die Welt vorstellt, jenseits jeder Erfahrung, von der Vorstellung ausgeschlossen, auch der Leib, den ich aus Gewohnheit als den meinen betrachte, ist geträumt, meine Gedanken, meine Hand, der Bleistift, die Schrift, die langsam das leere Blatt ausfüllt: eine Philosophie für Dichter, für Mystiker, für Mathematiker, doch ohne Spur von Wissenschaft. Diese sollte beweisbar oder widerlegbar sein. Sie entwickelt sich durch ihre Irrtümer. Die Philosophen, Theologen und Ideologen schlagen sich mit Sätzen, die weder zu beweisen noch zu widerlegen sind, die Köpfe ein, die Wissenschaftler mit Sätzen, die sie für bewiesen halten, aber die zu widerlegen sind. Die Frage, ob es die ›Süddeutsche Zeitung‹ gibt oder nicht, das heißt, ob sie außerhalb meiner oder nur von mir geträumt sei, wobei dieses Mir auf ein Ich hinweist, das wiederum nicht ich bin, sondern ein Ich, das mich träumt, stellt sich nicht grundlos: Nur eine geträumte ›Süddeutsche Zeitung‹ ist von mir als Objekt vollkommen erfaßbar, vorstellbar, weil sie nur so viel ist, wie sie in meinem Traum erscheint, weil es nichts jenseits des Traumes gibt, weil der Traum rein subjektiv ist, weil die ›Süddeutsche Zeitung‹ als Traumobjekt als etwas Subjektives ins Subjekt zurückfällt, mit mir zusammenfällt, weil ich die ›Süddeutsche Zeitung‹ bin und die ›Süddeutsche Zeitung‹ ich bin (ein von einem Ich geträumtes Ich). Daß gewisse Überlegungen möglich sind, die auf die Existenz einer Süddeutschen Zeitung schließen lassen, sei zugegeben, aber die Phänomene, die darauf hinweisen, daß die ›Süddeutsche Zeitung‹ von mir nur geträumt ist, sind übermächtig. So lese ich sie nur im Bett, wobei freilich einzuwenden wäre, daß dann auch das Bett geträumt sein müßte, in welchem ich, sie lesend, läge; ein Einwand, den die Philosophie in ihrer reinsten, strengsten, idealistischen Form zurückweist, für sie ist die ganze Welt Traum, ich, ›Süddeutsche Zeitung‹ und Bett und auch das, was ich in der ›Süddeutschen Zeitung‹ lese. Traumkritisch gesehen ist mein Traum ein dreifacher, ineinandergeschachtelter Traum: Ein Ich träumt, ich träume, ich liege im Bett und lese die ›Süddeutsche Zeitung‹, die mir von einer Welt berichtet, die ich ebenfalls träumen muß, damit die ›Süddeutsche Zeitung‹ von ihr berichten kann. Die Frage drängt sich auf, ob das geträumte Ich zuerst von der Welt oder von der ›Süddeutsche Zeitung‹ träumt und warum es eigentlich träumt, es lese in der ›Süddeutschen Zeitung‹ über die Welt, und warum es nicht direkt die Welt träumt, das heißt, warum es nicht träumt, es erlebe die Welt, statt von ihr zu lesen. (Ich meine mit Welt die Welt, nicht die Zeitung ›Die Welt‹, die natürlich auch ein Traum ist, aber den ich nicht träume; ich träume sie zwar, aber lese sie nicht im Traum.) Die Frage führt zu weiteren Fragen: Ist die ›Süddeutsche Zeitung‹ ein geträumter Puffer zwischen dem träumenden

Ich und der von diesem Ich geträumten Welt? Würde ich diese Welt, die ich träume, ohne die geträumte ›Süddeutsche Zeitung‹ aushalten? Ist die ›Süddeutsche Zeitung‹ ein Linderungstraum? Würde ich ohne die ›Süddeutsche Zeitung‹ rücksichtslos drauflos träumen? Wäre ohne die ›Süddeutsche Zeitung‹ die Welt schon untergegangen? Hat Karl Kraus unrecht, wenn er behauptet, die Welt gehe an Schwarzer Magie unter, ist es nicht vielmehr die Schwarze Magie, wenn auch mit Lichtsatz, die (im Traum) die Welt rettet? Nehme ich jedoch an, die ›Süddeutsche Zeitung‹ und die Welt seien wirklich, verwandle ich eine weder beweisbare noch widerlegbare These in eine beweisbare oder widerlegbare Behauptung, mehr noch, materialisiere ich einen Traum, ein Gedankending in eine Zeitung, die sich abonnieren, kaufen, durchblättern, liegenlassen läßt, mit der man Papierhüte machen kann oder die als Packpapier zu verwenden ist, muß ich auch feststellen, wenn sie ist, wie sie ist, und welche Bedeutung sie in der unermeßlichen Welt des Seins außerhalb meiner hat. Sie ist etwas Objektives, vom Subjekt Getrenntes, geworden und als Objekt nur zum kleinsten Teil von mir aus beschreibbar, überhaupt beschreibbar. Von mir existiert nur ihre subjektive Seite, das heißt, der Teil von ihr, den ich lese, und da ich sie wiederum nur im Bett lese, nur das von ihr, bevor ich einschlafe. Ob ich träume, ich lese die ›Süddeutsche Zeitung‹, oder ob ich die ›Süddeutsche Zeitung‹ wirklich lese, spielt im letzten keine Rolle, sie ist in beiden Fällen ein Puffer zwischen mir und der Welt, ist doch das Problem noch komplizierter, ob die ›Süddeutsche Zeitung‹ geträumt oder wirklich ist: Die ›Süddeutsche Zeitung‹ ist an sich unwirklich. Was ich lese, ist so oder so wiederum nicht, es ist zwar gedruckt, aber bezieht sich auf

Vergangenes, eine Kritik Joachim Kaisers etwa über einen Klavierabend: Ich entnehme ihr, wie der Pianist spielte, aber dieser Bericht ist unüberprüfbar, das Ereignis ist schon vorüber, die Kritik wurde nachträglich geschrieben, ist Geschichtsschreibung, spielt sich in zwei verschiedenen Vergangenheiten ab: in jener des Klavierabends und in jener, als Joachim Kaiser seine Kritik schrieb. Joachim Kaiser beschreibt seine Erinnerung an den Klavierabend, nicht den Klavierabend, aber gerade in diesem scheinbar bedeutungslosen Unterschied liegt das Vertrackte: Die Erinnerung ist subjektiv, das Ereignis, an das sich Joachim Kaiser erinnert, ist schon Vergangenheit, sonst könnte sich Joachim Kaiser nicht daran erinnern und auch keine Kritik schreiben, das Vergangene ist nicht mehr, schon die Möglichkeit zu beweisen, ob ein Ereignis stattgefunden hat, ist nur annähernd möglich, im Gegensatz zur Gegenwart (die es streng genommen nicht gibt, weil sie schon Vergangenheit ist, wenn sie registriert wird) ist die Vergangenheit manipulierbar durch die Erinnerung, die Möglichkeit, daß ein Ereignis nicht stattgefunden hat, daß dieses Stattgefundenhaben eine Täuschung ist, mag zwar noch so unwahrscheinlich sein, das Unwahrscheinliche ist immer noch möglich, ganz davon abgesehen, daß die Möglichkeit, daß ich träume, ich liege im Bett und lese in der ›Süddeutschen Zeitung‹ eine Kritik über einen Klavierabend von Joachim Kaiser, auch immer noch möglich ist. Der Einwand, wenn ich eine Kritik Joachim Kaisers über einen Klavierabend lese, dem ich ebenfalls beigewohnt habe, beweise, daß der Klavierabend stattgefunden habe, ist nicht stichhaltig: Da ich mich nicht erinnere, jemals einen Klavierabend ohne Joachim Kaiser erlebt zu haben, und weil es nichts Unsichereres gibt als die Erinnerung, kann ich mir nachträglich einbilden, Joachim Kaisers Kritik lesend, ich sei dabeigewesen. Paradox wird es erst, wenn Joachim Kaiser mich zerreißt, was er oft getan hat: Einerseits ist es unmöglich, daß Joachim Kaiser mich zerreißt, also kann Joachim Kaiser mich nicht zerreißen, andererseits hat Joachim Kaiser mich zerrissen, kann ich nicht geträumt haben, Joachim Kaiser hätte mich zerrissen, denn dann hätte ich geträumt, Joachim Kaiser hätte mich nicht zerrissen. Meine Schwierigkeiten mit Joachim Kaiser, nehme ich an, es gebe die ›Süddeutsche Zeitung‹ wirklich, sind jedoch geringfügig gegenüber den Schwierigkeiten, die mir die politischen Berichte in der ›Süddeutschen Zeitung‹ bereiten, da klumpen sich Vergangenheiten aller Art, unkontrollierbare Thesen und Hypothesen zusammen, ein Schlangennest von Nicht-mehr-Seiendem, von Gewesenem, Möglichem, Nicht-mehr-Möglichem, von all dem Unwirklichen, das wir die Wirklichkeit nennen. Im Blätterwald rauscht das Nichts. Die Annahme, die ›Süddeutsche Zeitung‹ gebe es nicht außerhalb des Traums, sie sei, ist der Behauptung, sie sei, denkmethodisch überlegen. Die Wissenschaft tappt im Ungefähren, Vorläufigen: der Traum ist exakt. Wenn jedoch, was ich im Traum in der ›Süddeutschen Zeitung‹ lese, ein Traum ist, die Kritik Joachim Kaisers über einen Klavierabend, Joachim Kaiser selber und der Klavierabend selber, darüber hinaus der Kosmos vom fernsten Quasaren bis zum jüngsten Partikel, eben in einem Synchrotron gesichtet, dazwischen München, die Bundesrepublik, die DDR, beide dicht bespickt mit Atombomben, Wasserstoffbomben, Neutronenbomben, Giftgasraketen, dazu noch die Niederlage der deutschen Nationalmannschaft gegen Portugal, Straußens Ansicht über die Chinesen, Helmut

Kohls geflügelte Worte, Reagans Welterlösungsstrategie, Gorbatschows Gegenabsichten usw., so wäre die ›Süddeutsche Zeitung‹ der in meinem Traum eingebaute Mechanismus, dank dessen ich die Welt erträume, dank dessen das Ich, das mich träumt, die Welt erträumt. Doch logischerweise ist noch als letztes denkbar: Nur die ›Süddeutsche Zeitung‹ existiert, und die Welt ist ihr Traum, den sie träumt. Dann bin ich einer ihrer Träume, ein Schatten, in einem Lederfauteuil nistend in der Halle des ›Vier Jahreszeiten‹, im Hinaufgehen die ›Süddeutsche Zeitung‹ mitnehmend, die mich träumt, um dann im Bett, die ›Süddeutsche Zeitung‹ träumend, über der ›Süddeutschen Zeitung‹ einzuschlafen.

Selbstgespräch

(11. Dezember 1985)

Ich habe viele Namen. So viele, daß ich mich an keinen mehr erinnere, und weil man mir so viele Namen gab, glaubte man auch, ich sei tausendfach, millionenfach, wahrscheinlich noch mehr, ich habe mich um Zahlen nie interessiert, später hat man mich in eine Eins zusammengezogen, es ist auch leichter, mit einem zu rechnen als mit vielem; daß man eine komplizierte Theorie ausgedacht hat, diese Eins sei eigentlich drei, möchte ich nur erwähnen, ich habe sie nie verstanden. Ich sage »man«. Ich weiß nicht, was ich damit meine. Offenbar etwas außer mir. Etwas außer mir kann ich mir nicht vorstellen. Auch das Mich, das Meiner und das Ich nicht. Ich kann mich nicht vorstellen. Ich bin nicht vorstellbar, ich bin nur denkbar, und denkbar ist auch das Unsinnigste. Ich bin das Unsinnigste. Ein Unsinn. Ich bin nicht ich, und ich bin ich. Ich existiere, und ich existiere nicht. Ich bin ein Punkt, eine Gerade, eine Fläche, ein Kubus, eine Kugel, ein n-dimensionaler Körper und nichts von allem, Nichts. Ich bin sowohl allmächtig und machtlos als auch allwissend und nichtwissend, ich bin alles, was man von mir behauptet, weil es gleichgültig ist, was man von mir behauptet, so komme ich immer wieder auf das Man. Ich habe es einmal geschaffen, oder es war einmal Ich, irgendeinmal, vor dem Augenblick, der jetzt ist, ich weiß nicht, wie lange davor, vielleicht unmittelbar davor oder eben jetzt, in der Zeitlosigkeit spielt das keine Rolle. Vielleicht ist alles nur eine Idee von mir, ein Einfall, der mir kam, kommt oder kommen wird, egal, wann auch immer, einmal eingefallen, in der Vorvergangenheit, in der Vergangenheit, in der Gegenwart, in der Zukunft, in der Nachzukunft, hinter jeder Unendlichkeit, würde der Einfall ins Unermeßliche wachsen, wieder in sich zusammenstürzen und zu nichts werden: Das Endlose und das Nichts sind dasselbe, und so bin ich denn identisch mit dem, was ich geschaffen habe, schaffe oder schaffen werde oder nicht geschaffen habe, nicht schaffe oder nicht schaffen werde. Möglich, daß es in diesem realen oder imaginären Geschaffenen, in dieser »Schöpfung«, um pompös zu werden, etwas gibt, das denkt, das, weil das Ich, das ich mir aus Wortbequemlichkeit zulege, auch denkt, nur mit mir identisch sein könnte, möglich, daß dieses Denk-Ich, das ich selber bin, mich denkt, aus lauter Verzweiflung, nicht aus sich selber herauszukommen, oder aus dem Wahn heraus, für sich einen Sinn zu finden. Möglich, ich breche in ein Gelächter aus, in ein doppeltes Gelächter, ist es doch überaus komisch, sich etwas vorzustellen, das sich nicht vorstellen läßt, welches in ein Gelächter ausbricht, weil es sich etwas vorstellt, das in ein Gelächter ausbricht, so daß sich endlos ein Gelächter an ein Gelächter reiht. Aber vielleicht bin ich nur als etwas Komisches denkbar, als etwas Groteskes, als ein reiner Witz, als ein Witz an sich, als Pointe ohne Vorgeschichte, die sich abschließt, ohne an etwas angeschlossen zu sein, als ein Schluß ohne Prämisse, der sich ins Nichts des Gelächters auflöst. Vielleicht bin ich das Gelächter an sich, das Gelächter ohne Grund, bin ich doch ohne Grund und damit ohne Sinn, weil es sinnlos ist, hinter einem Grundlosen einen Sinn zu suchen. Dieses mögliche Denk-Ich aber – und was ist in dieser möglichen Schöpfung, sei sie nun real oder imaginär, nicht möglich – wird mich, welches es selber ist, lieben oder hassen müssen. Beides gleich unanständig. Wird es mich lieben, wird es sich aufopfern, weil man sich nur für etwas aufopfert, was man nicht begreift und dem man nur einen Sinn zu geben vermag, wenn man sich aufopfert. Wird es mich hassen, wird es sich verzehren, weil man sich nur eines Wesens wegen verzehrt, dem man nur einen Sinn zu geben vermag, wenn man es haßt, aber weil Liebe und Haß zu schwer sein werden, wird es nur von mir schwätzen, weil man nur von etwas zu schwätzen vermag, dessen Sinn gleichgültig ist. Nur die, welche von mir schwätzen, sind nicht unanständig. Ich bin eins mit dem Geschwätz über mich. Ich bin ein Geschwätz. Ich bin nur, insofern ich schwätze. Würde ich nicht schwätzen, nähme ich mich ernst; nähme ich mich ernst, müßte ich einen Sinn haben; hätte ich einen Sinn, müßte ich einen Grund haben. Das Grundlose hat keinen Sinn, immer wieder komme ich auf diesen Satz, in welchem, habe ich sie geschaffen, meine Schöpfung sich aufbläht und wieder in sich zusammenfällt, sinnlos wie ich, der sie schuf. Schuf ich sie, werde ich es nie wissen, weil im Sinnlosen die Erinnerung keinen Wert hat. Aber indem ich die Möglichkeit überdenke, daß ich etwas außer mir geschaffen haben, schaffen, schaffen werden könnte, eine Schöpfung, und weil in dieser Möglichkeit alle Möglichkeiten eingeschlossen wären, die vergangenen, seienden und zukünftigen, auch jene eines mit mir identischen Gedankens, so würde dieser Gedanke, unabhängig, wer der Träger dieses Gedankens ist, auch wenn mein Gelächter über ihn verklingt (wenn es überhaupt verklingen kann), nach dem Urheber seiner selber suchen, auch wenn er ohne Sinn auszukommen verstünde. Ohne Grund kommt er nicht aus. Er wird sich einbilden, in mir liege der Grund, und den Sinn seines Seins wisse nur ich. Da ich aber nicht bin, wird er mich erfinden müssen. Dieses Erfinden wird er Glauben nennen, und da sein Glauben keinen festen Gegenstand hat, wird er mich endlos erfinden, mit endlosen Namen bezeichnen, er wird mich tausendfach, millionenfach vorhanden glauben oder mich zusammenziehen, in drei, in eins, in eine Idee, in ein Prinzip, in nichts endlich, in den einzig wahren Glauben, daß ich nicht bin. Aber diesen Glauben, der den Glauben aufhebt, wird man nicht glauben, man wird wieder glauben, daß ich dennoch ein Prinzip bin, eine Idee, eine Eins, eine Drei, ein Vielfaches, Tausendfaches, Millionenfaches: Bin ich einmal gedacht, bin ich gedacht, nur wenn ich nicht mehr gedacht werde, bin ich, was ich bin: nichts.

Paul Flora

1969

Was Flora hier zeichnet, ist nicht neu, er hat es immer schon gezeichnet, doch wie er es zeichnet, ist neu. Die Österreicher, Vampire, Attentäter, Tiroler, Raben, Könige und Vogelscheuchen, die wir hier wiederfinden, waren schon vorher Chiffren seines zeichnerischen Denkens. Er zeichnet Mythen und schuf Mythen; indem er sie zeichnete und schuf, nahm er Distanz, bannte er sie. Flora war ein Zaubermeister, dem wir mit Vergnügen zusahen, nun mischt sich in dieses Vergnügen Staunen, nicht ganz frei von Furcht. Seine Geschöpfe rücken uns näher, auf den Leib. Sie werden bedrohlicher. Was witzig war, wird dichterisch, um es ominös zu sagen. Zeichnerisch sind es vielleicht seine schönsten Blätter. Jedes Blatt das Resultat eines langen Weges. Etwa Napoleon vor den Pyramiden. Ein geschichtliches Ereignis, gewiß, eine Sternstunde der Menschheit, wie sie Floras Boshaftigkeit liebt, die Begegnung zweier Größen. In Floras *Der Zahn der Zeit* ist Napoleon gleich zweimal gezeichnet, im Exil auf Elba, durchaus noch als Karikatur jener historischen Schinken, die einmal Mode waren; jetzt, indem Flora Napoleon am Fuße der Pyramiden wie ein Gespenst erscheinen läßt, wird aus dem historischen Augenblick immerwährende Gegenwart. Jede Vollmondnacht, denkt man unwillkürlich, findet sich Napoleon vor den Pyramiden ein, schemenhaft, immer kleiner werdend, zusammenschrumpfend im Verlaufe der Jahrhunderte, während die Pyramiden gleich bleiben in ihrer Erhabenheit. Die Pyramiden rücken jetzt Napoleon in die Gegenwart, einst war es umgekehrt. Doch auf ›Napoleon vor den Pyramiden‹ folgt ›Napoleon auf St. Helena‹. Flora entwickelt seine Motive nicht von der Form her, er entwickelt die Idee. Napoleon auf St. Helena ist nicht eine neue Variante, das Motiv ist zeichnerisch zu Ende gedacht worden, der Ozean ist noch gewaltiger als die Pyramiden, Napoleon wird auf den Klippen der winzigen Insel zu einer Nebensächlichkeit, Sein oder Nichtsein eine Frage, die niemand mehr stellt, weil sie niemanden mehr interessiert. Oder der Attentäter, auf dem Gewehr ein Zielfernrohr montiert, wartend in einem Nebentürmchen einer Barockkathedrale, nicht eigentlich versteckt, nur ist einfach die Fassade zu groß, zu kalt, zu unpersönlich, als daß er auffallen könnte, wer schaut schon hin; durch den Attentäter wird das steinerne Monument eines formellen Glaubens umfunktioniert in ein Instrument heutiger Weltveränderung; eine Kirche wird wieder gefährlich, nur anders, als man denkt. Der Attentäter kommt wieder. Immer wieder. Blick auf den Thron, Blick in eine kostbare Schachtelwelt, ein Vorzimmer führt an zwei Leibwächtern vorbei in ein anderes Vorzimmer, wo wieder zwei Leibwächter stehen und so fort, bis wir am Ende der Vorzimmerflucht wie in einem Brunnenschacht den König ahnen, wie ein wohlbehütetes Schmuckstück oder wie ein köstliches Törtchen; doch der Attentäter kommt von hinten, wo den König niemand bewacht, von den königlichen Waschräumen oder von der königlichen Küche her, dann ein Zeitsprung, der alles erzählt, der Thronsaal mit Raben. König und Monarchie sind versunken. Des Zeichners Fluch. Die Vogelscheuchen dagegen scheinen Floras Buch *Königsdramen* auf eine seltsame Weise zu repetieren. Die Vogelscheuchen werden zu theatralischen Gestalten. Wie Schauspieler Shakespeare spielen, spielen die Vogelscheuchen jetzt Menschen; während Floras Huren zu prächtigen Vögeln geraten. Vogelscheuchen, Menschen und Tiere gehen ineinander über. Floras Häuser mögen an Steinberg erinnern. Mich fasziniert der Gegensatz: Steinberg macht sich über die Häuser lustig, stellt sie als Produkte einer abstrusen Architektur einer abstrusen Gesellschaft dar. Flora zeichnet ein Endprodukt Haus, ein Haus, mit dem er diesen Band abschließt, das »nördlichste Haus der Welt«, ein schmuckloses Steingebäude, nur noch auf die Funktion Haus reduziert, eine gezeichnete Fiktion, etwas südlicher, um das Haus wäre schon ein Gartenzaun, noch etwas südlicher, die ersten Verzierungen, der erste Luxus, auch architektonisch, bis endlich in unseren Breitengraden die Häuser erscheinen, die Flora vorher gezeichnet hat. Sie sind nicht mehr zeitlos. Flora zeichnet ihr Alter und ihre Leere. Sie sind abstrus, weil sie noch stehen, abstrus, weil die Geschöpfe, die sie allein zu bewohnen vermöchten, nicht mehr existieren, so daß sie nur noch von Fledermäusen und Gespenstern bewohnt sind und von Katzenfrauen, sie sind so abstrus wie das Mammutskelett, das an ihnen vorüberzieht, ein Fossil, das anderen Fossilen begegnet.

Der Tiroler Flora ist der Denker und Grübler unter den Karikaturisten. In seiner zeichnerischen Dialektik setzt sich die Gegenwart mit der Vergangenheit auseinander und verliert die Partie. Flora ist nicht ohne Traurigkeit. In seinem Werk sind Welten untergegangen, und wir ahnen, daß auch wir untergehen. Die Gegenwart scheint von der

Vergangenheit umklammert, kommt nicht von ihr los, wird selber zur Vergangenheit, wird von ihr verschluckt. Nur auf dem Umweg über die Vergangenheit wird daher eine Aussage über die Gegenwart möglich: Die Gegenwart liest sich an ihrer Vergangenheit ab. Flora schreitet rückwärts in die Zukunft. Das scheint unzeitgemäß in einer Zeit, in der jeder, der da pinselt, schreibt oder komponiert, gleich die Gegenwart verändern will. Doch ist es nicht unwissenschaftlich. Schließlich treiben wir in einem Meer von Vergangenheit dahin, lehrt die Astronomie. Die Sterne, die uns umgeben, sind Vergangenheit, und blicken sie auf uns, glotzen ihnen Dinosaurier entgegen.

Varlin

1982

Wann ich diesen außerordentlichen Maler kennenlernte, weiß ich nicht genau; ich kann mir vorstellen, im Januar 1961, und Varlin sei damals so alt gewesen wie ich jetzt. Es war in der ›Kronenhalle‹, der Maler redete mich als »schweizerischen Simenon« an, ein Vergleich, der mich verwunderte, war ich doch damals der Hauptsache nach mit dem Schreiben von Theaterstücken derart beschäftigt, daß ich mich in der Malerei nicht mehr sonderlich auskannte, Varlin war für mich ein Gerücht, dem nachzugehen ich keinen besonderen Grund gefunden hatte. Er galt als Kauz, aber da es damals auf und hinter der Bühne noch von Käuzen wimmelte, war ich übersättigt. So gab ich denn erst Monate später einer Laune nach und besuchte ihn im Atelier: Ich geriet in eine Mausefalle, die Maus war ich, und seitdem hat mich die Beschäftigung mit Varlin nicht mehr verlassen, ja ich darf sagen, ich lebe mit ihm: An der Längswand meines Arbeitszimmers hängt seine ›Heilsarmee‹, das Gruppenbild der Gitarr-Brigade Zürich Central, Porträts, drei Männer und sechs Frauen, fromm und entschlossen, für das Gute zu kämpfen, und doch habe ich die Abgründe hinter ihren Gesichtern nie ausloten können, etwas unheimlich Verkniffenes und Verstecktes scheint bisweilen in einigen von ihnen zu lauern. Auf Tannenholz gemalt stehen sie, ist es draußen finster, widergespiegelt von meinem Fenster, wie im Nachthimmel; doch sind es nicht die einzigen von Varlins Geschöpfen, die mich umgeben: das sich langweilende Liebespaar etwa, mir gegenüber, der Mann im braunen Mantel, der sich gerade noch in die ›Vespasienne‹ zu schleppen vermag, die Neapolitanerin, die nicht mit Varlin schlafen wollte, weil er nicht katholisch war, die telefonierende Polizistin in der roten Kabine, irgendwo an einem schottischen Strand, die schwarz gekleideten Frauen, sich zu einer Beerdigung gruppierend; zähle ich alle zusammen, die seine Bilder in meinem Arbeitsraum bevölkern, komme ich auf vierunddreißig, die Kaiserin Elisabeth nicht mitgezählt, doch ist es ihr Grabmal in Territet, das Varlin gemalt hat, und gleicht Romy Schneider, während der stolze Gärtner davor ihr Attentäter sein könnte (jener der Kaiserin natürlich). So schreibe ich inmitten eines Publikums, das Varlin um mich herumgestellt hat.

Mein Freund Hugo Loetscher, von Varlin gemalt, schaut er mich prüfend und voller Hintergedanken an, wenn ich mein Atelier verlasse – die Leinwand mußte um 20 cm gekürzt werden, damit sie in den Korridor paßte, an dessen Ende sie steht – Hugo nannte Varlin den »besessensten Realisten«, den er kenne, und zwar beginnt er damit einen Essay, den ich für den wesentlichsten halte, der über Varlin geschrieben wurde. Ich selber hatte mit vorgenommen, mit dem Satz zu beginnen: »Varlin malte, was ihm auffiel«. Daß Loetscher und ich das gleiche meinen, ist nicht ganz selbstverständlich: Wer glaubt, die Realität sei etwas Unproblematisches oder gar, sie habe heute mit Malerei nichts mehr zu tun, da deren Gebiet das Abstrakte sei, kommt schon gar nicht dahinter, was Loetscher und ich auszudrücken versuchen, wenn auch von entgegengesetzten Ausgangspunkten her: Loetscher ist ein Schriftsteller, dem mehr auffällt als einfällt, das ist seine Stärke, und ich bin einer, dem mehr einfällt als auffällt, das ist meine Schwäche. Ist Varlin für Loetscher eine Bestätigung, so ist er für mich eine Ergänzung. Ich lernte durch Varlin beobachten. Loetscher dagegen hat denn auch wie keiner die Schwierigkeit, die in der Realität liegt, am Beispiel Varlins begriffen: »Die Wirklichkeit, um die es bei Varlin geht, erweist sich aus einem anderen Grund unheimlich: Sie ist nie in jenem Grad faßbar, wie er sie in den Griff und auf die Leinwand bekommen mochte... Die Verzweiflung, die Wirklichkeit nicht mit dem totalen Anspruch einfangen zu können, den er an sich selber stellt, schlägt zu jenem Mut um, der immer wieder von neuem einsteigt und sich immer wieder an die Leinwand macht und sich ihr aussetzt.«

Die Wirklichkeit ist etwas Vertracktes, ja oft Hundsgemeines. Sie »ist« nie, sie »war« und »wird« immer, auch die Fotografie, mit ihren Hundertstelsekunden Belichtungszeit, ist ein Mißverständnis. Die Realität saust durch uns hindurch und ist nur zu fassen, wenn sie uns auffällt, und sie vermag uns nur im nachhinein aufzufallen, als Erinnerungsbild schon. Wir stutzen, staunen, und dann erst wird uns die Wirklichkeit bewußt: Wir sehen aufs neue hin, und schon ist alles verschoben. Das Stutzen und Staunen ist nicht mehr da. Varlin war einer der letzten, die sich über die Wirklichkeit wunderten, daß sie so ist, wie sie ist, und nicht anders.

Was wir für die Wirklichkeit halten, stellt nur Vergangenes dar. Was wir Wirklichkeit nennen, sind Relikte, daß es Relikte sind, wußte Varlin zu malen, indem er sein Erstaunen über sie mitmalte. Er malte, was ihm auffiel: Ihm fiel unsere Zeit auf. Es ist mir, als wäre ich selber eines seiner Porträts, das da hinter meinem Schreibtisch sitzt, wie ich diesen Satz niederschreibe.

Das Paradox Varlins bestand darin, die Gegenwart festhalten zu wollen, damit das eigentliche Zeitlose. Es ist die dritte der Paradoxien des Eleaten Zenon, das darin besteht, daß der sich bewegende Pfeil ruht: »Wenn nämlich immer alles ruht, solange es einen Raum einnimmt, der gleich groß ist wie es selbst, das Bewegte aber immer im Jetzt ist, dann ist der bewegte Pfeil unbewegt.« (Übersetzung Rafael Ferber)

Dieses Paradox ist im Grunde mit jenem der Malerei identisch: Sie ist dem Jetzt verhaftet und damit zeit- und bewegungslos. Ein gemalter Pfeil ruht, er fliegt nicht. Machte die Fotografie der Malerei ihr Paradox bewußt, versuchte der Surrealismus die Wirklichkeit darzustellen, indem er sie übersteigerte, der Kubismus, indem er sie geometrisierte und dabei schon in einen Gegensatz zu sich selber geriet, ist doch die Malerei nicht nur zeit-, sondern auch raumlos (der Kubismus ist planimetrisch, seine Stereometrie ist vorgetäuscht), so löste »die Abstrakte« das Paradox der Malerei, indem sie sich aus dem Staube machte: sie flüchtete sich ins rein Logische und damit in Sicherheit. Varlin flüchtete nicht. Er blieb ohne Rückendeckung malerisch ein Anachronismus. Als Max Bill, der Zürcher Kunstpapst, 1970 eine Ausstellung über figurative Malerei und Plastik organisierte und gegen den Willen Varlins dessen Porträt des populären schweizerischen Friedensapostels Max Daetwyler ausstellte und im Katalog darüber schrieb, das Bildnis sei »doch nur eine Anekdote ohne Steigerung in ihre gesellschaftliche Verbindung und Auswirkung«, ging Varlin in die Ausstellung und zerschnitt sein Bild – eines seiner schönsten, sparsamsten und gespenstischsten Porträts. Nun, die Stadt Zürich ließ es restaurieren, und dank dieses Bildes wird Daetwyler samt seiner gesellschaftlichen Verbindung und Auswirkung weiterleben.

»Wenn es Wirklichkeitssinn gibt, muß es auch Möglichkeitssinn geben«, schreibt Robert Musil. Bei Varlin waren die beiden Sinne gleich stark, und so fiel ihm denn auf, was alles in der Wirklichkeit möglich war. »Ein Künstler«, schreibt Varlin, auch als Schriftsteller verblüffend, »braucht nur um ein Häuserviereck herumzufahren, aufzuladen, und schon ist er möbliert. Cézanne, *pauvre type*, der plagte sich mit ein paar Äpfeln auf einer sauberen Serviette ab. In New York hätte man ihm ganz andere Stilleben geboten, ein mitten im Verkehr stehender Eisschrank neben einer toten Ratte, eine Damenbinde neben einer Mandoline.« Dieses Mögliche, was eigentlich hätte unmöglich sein sollen, zwang ihn vor die Leinwand oder vor den Karton oder was gerade zugegen war, hinter meinem Schreibtisch befindet sich das Bild einer Cinzano-Flasche, in ein japanisches Teebrett hineingemalt.

Er war den Motiven, die ihm auffielen, verfallen: Versteinerungen und Verkrustungen, Schrotthaufen, die noch Vehikel sind oder gewesen waren, Gerümpel, wie sie nicht die Natur, sondern nur der Mensch zustande bringt und die uns deshalb unmöglicher als die bizarrsten Naturgebilde erscheinen, Kasernen, Hotels, Spitäler, Pissoirs, Omnibusse, Telefone, Regenschirme, sein Lehnstuhl und sein Bett und immer wieder Menschen als das eigentlich unmöglichste, das heißt unwahrscheinlichste Geschöpf der Schöpfung. Die Spannung zwischen seinem Wirklichkeitssinn und seinem Möglichkeitssinn war die Wurzel seines Humors: Er malte die Menschen, weil er sie liebte, wie sie waren und wie sie sein könnten, er malte sie in ihrer Wirklichkeit und in ihrer Möglichkeit zugleich.

Ich sah ihn noch wenige Tage vor seinem Tod. Meine Frau, die er immer sehr mochte, und ich waren auf seinen Wunsch nach Bondo gereist und hatten uns im Nebendorfe bei einer Verwandten Alberto Giacomettis einlogiert. Die letzten Jahre Varlins waren ein einziges Aufbäumen gewesen, er wußte, welche Krankheit in ihm fraß, auch wenn er sie Rheumatismus nannte: Viele seiner letzten Bilder sind mit jenen Goyas vergleichbar, die dieser an die Wände seines Landhauses malte. Doch glaube ich nicht, daß es ein Horror vacui war, der ihn trieb, oder gar die »Sogkraft des Nichts«, wie Paul Nizon schreibt. Der leere Raum und das Nichts sind logische Konstruktionen, nicht Wirklichkeiten, so unfaßbar uns die Realität erscheint, so ist sie doch existent wie das Leben. Daß wir fähig sind, einen leeren Raum zu denken, der doch als Raum nur möglich ist, weil in ihm Dinge sind, Sterne, Menschen und Atome, oder wenn wir von einem Nichts reden, das von jedem Sein widerlegt wird, so lassen wir uns nur von der Sprache blenden. Varlin war kein analytischer, er war ein schauender Maler, Kunsttheorien waren ihm suspekt. In seinen letzten Bildern rebellierte das Leben, ist es doch an sich eine Rebellion gegen die Entropie, gegen den natürlichen Hang der Materie, in ihre natürlichste Ordnung einzuspuren, in die Unordnung. Er hielt in seiner Leinwand seinen Zerfall fest, das ist alles. Was er am ergreifendsten malte, waren sein Hündchen Lappi, sein Sessel und sein Bett. Mit ihnen nahm er vom Leben Abschied. Dann vermochte er das Bett nicht mehr zu verlassen.

Als wir ihn nun besuchten, lag er in grasgrünen Laken.

Auch die Bettdecke war grasgrün und ebenso das Kopfkissen mit rosa Blumen über dem Grün. Er lag wie auf einer Bergwiese. Er war kaum wiederzuerkennen, so abgemagert war er, und weil er sich einen Schnurrbart hatte wachsen lassen, erinnerte er mich an meinen Vater. Meine Frau sagte mir denn auch am Abend in der Pension, daß Varlin nur noch wenige Tage zu leben habe. Sie hatte das gleiche von meinem Vater gesagt, als ich ihn zum letzten Mal sah. Auch diesmal glaubte ich ihr nicht so recht, nach dem ersten Schock hatten mich Varlins Humor und seine geistige Präsenz getäuscht. Am nächsten Nachmittag besuchte ich ihn allein und sah gleich, daß meine Frau recht gehabt hatte. Ich fand keine Worte. Er war erschöpft, weiß, immer noch im Grün der Laken und Kissen. Er verlangte ein Glas Wein, trank etwas, sprach über Malerei, hielt Matisse für den größten Maler unserer Zeit, vielleicht aus Opposition zu sich selber, bezeichnete die größte Dummheit seines Lebens seinen Künstlernamen: Ein Guggenheim sollte sich nicht Varlin nennen. Das Schwierigste in der Malerei sei immer der Anfang, meinte er später, der erste Pinselstrich, und schon sei die Leinwand versaut. Er erzählte eine groteske jüdische Geschichte von seinem Großvater. Später versuchte er mich zu zeichnen, signierte die Skizze und schenkte sie mir: Varlin, 22.10.77. Ich mußte unterschreiben, daß die Skizze mich darstelle. Darauf forderte er mich auf, ihn zu zeichnen, er wolle etwas schlafen. Als er erwachte, mußte ich ihm meine Kohlezeichnung zeigen. Er betrachtete sie. »So sehe ich aus?« fragte er, und es war mehr eine Feststellung als eine Frage. Dann sagte er zu Franca: »Die Kosaken kommen wieder.« Damit meinte er die Schmerzen. Seine Frau reichte ihm ein Mittel. Er döste vor sich hin. Ich ging mit

Franca, der Tapferen, in die Küche, und als ich wiederkehrte, schlief er ruhig, neben ihm, auf Francas Bett, lag sein Hündchen Lappi, ein rohes Ei zwischen den Zähnen, und knurrte.

Kaum eine Woche später waren wir wieder in Bondo. Varlin war gestorben. Wir saßen bei Franca in der Küche. Irgendwo winselte Lappi. Ein Arzt aus Lugano führte mich in Varlins Sterbezimmer. Er lag im Sarg, der Arzt nahm das Laken herunter. Ein wilder Kopf starrte mich an, der Mund weit geöffnet, die Augen in dunkle Höhlen versunken: Es war, als würde das Leben, erstarrt im Jetzt des Todes, die Schöpfung auslachen.

Dann zwängte sich etwas durch meine Beine, verschwand im Dunkel des Raumes, es war der Hund.

Am anderen Tag begrub man ihn. Viele seiner Freunde waren gekommen, Prominente im Helikopter, viele Schriftsteller, ein Maler, doch das ganze Dorf nahm teil. Die Glocken läuteten, als sein Sarg aus seinem Hause getragen wurde, in welchem der Hund wieder irgendwo winselte, und hörten erst auf, als der Sarg im Grab versenkt war.

Am Tag nach der Beerdigung ging ich allein durch das Dorf. Das Haupttor des Friedhofs war verschlossen, und den Nebeneingang fand ich nicht. Ich suchte sein Atelier auf, auch hier gab es kein Eindringen: An der Tür war ein Zettel mit seiner Schrift befestigt: ›Wegen Betriebsferien geschlossen‹.

Über Jef Verheyen

Eine Rede
1982

Die Rede dauert zwischen 5 × 5 und 5 × 3 Minuten
Sie ist ernster zu nehmen als sie scheint
und lustiger als sie ist

Meine Damen und Herren,
Jef Verheyen und Franz Larese kamen vor etwa zwei Monaten nach Neuchâtel, um mich zu überreden, über Jef Verheyen einige Worte zu sprechen. Nun kannte ich Jef Verheyen schon lange. Zuerst einige seiner Bilder. Sie hingen in der Sammlung Hans und Käthi Liechti, die einmal im Kunstmuseum in Neuchâtel zu sehen war. Gleichzeitig stellte im Kunstmuseum auch ein Neuchâteler seine Sammlung der »Ecole de Paris« aus. Ein Teil der Besucher ging in Liechtis, ein anderer Teil in die andere Ausstellung. Bei der »Ecole de Paris« langweilte ich mich, bei Liechti regte ich mich auf. Der Kunst, schöne Bilder zu malen, stand die Kunst, sich malerisch auszudrücken, gegenüber. Bei der »Ecole de Paris« mußte man nicht denken, bei Liechti wußte man nicht, was man denken sollte. Vor allem vor Jef Verheyens Bildern stand ich ratlos. Da Hans Liechti damals nicht nur Sammler, sondern auch noch Wirt im ›Café du Rocher‹ war, einige hundert Meter von mir entfernt, und da ich als einer seiner Stammgäste oft bei ihm saß, lernte ich Jef Verheyen bald persönlich kennen. Er setzte sich zu mir und begann zu

philosophieren. Auf französisch. So war ich gezwungen, an meinem Stammtisch, der gleichzeitig Liechtis Familientisch war, auch französisch zu reden, eine Art selbsterfundenes »Français fédéral«. Aber da er einen patriarchischen Bart trägt und da ich in einem Alter war, das verführt, in dem anderen den Älteren zu sehen, ahnungslos, wie alt man selber aussieht, wagte ich Jefs Philosophieren keinen Widerstand entgegenzusetzen, hielt ich ihn doch für zehn Jahre älter als ich. Nach der Polizeistunde lud ich ihn mit Hans Liechti ein, bei mir noch eine Flasche Roten zu trinken. Na ja, es waren zwei Flaschen, die wir dann austranken, und mitten bei der zweiten begann Jef plötzlich deutsch zu reden, und zwar nicht etwa deutsch zu radebrechen, sondern fließend deutsch zu reden, »disk«, wie er es nannte. Ich war so überrascht, daß ich eine dritte Flasche holte, bei der ich dann erfuhr, daß er nicht zehn Jahre älter, sondern zehn Jahre jünger ist als ich. Ich holte eine vierte Flasche.

Meine Damen und Herren, Sie werden sich allmählich fragen, was denn diese Rede mit der Ausstellung zu tun hat, die ich hier eröffnen soll. Sie hat sehr viel damit zu tun, halte ich doch diese Rede als Berner, der in Neuchâtel wohnt, in Sankt-Gallen; was etwa, auf einen anderen Erdteil transponiert, einer Rede gleichkäme, die ein Brasilianer, der in Feuerland wohnt, in Alaska hielte. Mit anderen Worten: Ich komme mir hier sehr im Ausland vor. Ich kann mir nicht vorstellen, was sich ein Sankt-Galler unter einem Berner vorstellt und umgekehrt. Ich will nicht politisch werden. Aber das Problem ist nun einmal nicht zu umgehen. Ich weiß weder, was Ostschweizer von mir erwarten, noch weiß ich, ob ich Ostschweizern das, was sie jetzt erwartet, auch zumuten darf, ist doch eine Eröffnungsrede mehr als eine gewöhnliche Rede. Sie bedeutet eine Stellungnahme. In einer Stellungnahme ist eine Frage verpackt, die eine Antwort fordert. In meinem Falle bin ich verpflichtet, auf die Frage zu antworten, was denn für ein Maler dieser Jef Verheyen sei, dessen Bilder hier ausgestellt sind.

Meine Damen und Herren, ich versuche zu antworten. Und weil ich antworten will, habe ich Sie darauf aufmerksam gemacht, daß ich ein Berner bin, ein Emmentaler, um noch präziser zu sein. Eine Antwort richtet sich nach der Frage. Es gibt leichte und schwierige Fragen. Es ist wie im Hochsprung. Es ist ein Unterschied, ob man dreißig Zentimeter, einen Meter, anderthalb Meter, zwei Meter, fünf Meter oder sechs Meter überspringen will. Für vier, fünf oder sechs Meter braucht man schon ein Hilfsmittel, einen Stab, und der Weltrekord ohne Stab wird zwischen zwei und drei Metern liegen, ich bin kein Experte. Doch mit oder ohne Stab, ein Sprung braucht, je nach der Fähigkeit des Hochspringers, eine kürzere oder längere Anlaufstrecke, um die Geschwindigkeit zu erreichen, die er benötigt, um mit oder ohne Stab die Höhe zu überspringen, die er sich vorgenommen hat. So ist es auch mit den Fragen. Auch sie brauchen keinen oder einen Stab und eine kürzere oder längere Anlaufstrecke, um sie zu beantworten. Als Berner bin ich nun mit einer Schnecke zu vergleichen, die auf die Frage, was Jef Verheyens Malerei eigentlich darstelle, eine Anlaufstrecke von Feuerland bis Alaska braucht, um endlich die Geschwindigkeit zu erreichen, mit einem Stab sechs Meter zu überspringen.

Meine Damen und Herren, ich rede hier nicht, um Sie zu verwirren. Verwirrt wird nur, wer sich Fragen, die kompliziert sind, einfach vorstellt. Die Frage, was denn

Jef Verheyen mit seiner Malerei ausdrücken wolle, gehört zu den kompliziertesten Fragen, die zu stellen sind – behauptet er doch, er male nur, weil bis jetzt noch niemand so wie er gemalt habe. Die Anlaufstrecke, die benötigt wird, um diese Frage zu beantworten, beginnt nicht erst in Feuerland, sondern bei den ersten Höhlenmalereien 120 000 Jahre vor Christi Geburt.

Ich sagte daher, als mich Jef Verheyen und Franz Larese in Neuchâtel besuchten, um mich zu überreden, die Rede zu halten, die ich jetzt halte, entschlossen ab mit der Begründung, ich könne nicht über ein Schlüsselloch reden, zu dem ich keinen Schlüssel besitze, worauf sie die unfaire Antwort gaben, gerade eine solche Rede wollten Sie hören. Schön, nun sollen Sie sie haben.

Wittgenstein schließt seinen *Tractatus logico-philosophicus* mit dem berühmten Satz: »Wovon man nicht sprechen kann, darüber muß man schweigen.« Ich *beginne* mit ihm, scheint es mir doch manchmal, daß die Malerei Jef Verheyens durch den Satz zu formulieren wäre: »Was man nicht malen kann, darüber muß man schreiben«: Seine Bilder scheinen oft eine Illustration seines Kommentars zu sein und nicht sein Kommentar eine Interpretation seiner Bilder. Wenn ich das Programm seiner Retrospektive im Palais des Beaux-Arts in Brüssel 1980 betrachte, ist es mir, als blättere ich eine Arbeit durch, die ein Chemiker und ein Astronom mit einem Mathematiker zusammen verfaßt und dazu noch einen Logistiker beigezogen hätten.

Es sind vertrackte Sätze, die Verheyen schreibt. »Voir, c'est sentir avec les yeux«: Sehen ist mit den Augen fühlen. Zugegeben, mein Auge sieht nicht, es leitet durch fotochemische Prozesse einen Frequenzbereich der elektromagnetischen Wellen in jene Teile des Großhirns, wo sie in die Empfindung von Farben umgewandelt werden: eine sehr oberflächliche Darstellung eines komplizierten Vorgangs. Die Farbe ist damit etwas Objektives und Subjektives zugleich, eine Frequenz, die sich genau angeben läßt, und eine Empfindung, die subjektiv bleibt, so daß ich nie wissen werde, ob meine Empfindung *rot* der Empfindung *rot* eines anderen entspricht.

Soweit bin ich mit Jef Verheyens Postulat einverstanden. Aber ich frage mich, ob das Hirn nicht doch noch mehr mit dem Licht anstellt als es, je nach seinen Frequenzbereichen, als Farbe zu fühlen. Das Bild der Außenwelt, das in der sogenannten Sehrinde entsteht, wird auch erkannt: Wir sehen nicht nur Farben, wir sehen auch Formen und Gegenstände. Nun können wir natürlich einwenden, wir würden diese Formen und Gegenstände, seien es Kreise, Quadrate, Möbel, Menschen, Sterne oder was auch immer wir sehen, auch nur durch das Auge zu fühlen, sie zu erkennen sei ein intellektueller Vorgang. Dem möchte ich entgegenhalten, daß für das komplizierteste Gebilde, das wir in unserem Kosmos kennen, für unser Hirn, jedes Fühlen auch ein Erkennen ist; daß wir Farben fühlen, setzt voraus, daß wir zwischen den verschiedenen Farbgefühlen zu unterscheiden vermögen, und dieses Unterscheidungsvermögen ist ein Erkennen. »Voir, c'est sentir avec les yeux« birgt einen Widerspruch in sich. Dieses Postulat erlaubt uns, Verheyens Bekenntnis: »Il y a des gens qui regardent pour peindre, moi, je peins pour voir«, mit: »Es gibt Leute, die sehen, um zu malen, ich dagegen male, um zu fühlen« zu übersetzen. Dann aber müssen wir uns fragen, warum Jef Verheyen denn nicht gleich fühle, ohne noch vorher zu malen, da er ja Sehen und Fühlen gleichsetzt, ob dann die Malerei als Zwischenglied überhaupt noch notwendig sei, ja, ob nicht vielleicht der Blinde der einzige sei, der das Sehen bloß fühle, weil er nicht imstande ist, vermittels des Großhirns Licht in Farben umzuwandeln, und weil er vermittels einiger Nervenfasern, die von der Netzhaut des Auges im Zwischenhirn enden, den Unterschied von Licht und Dunkel zwar nicht sieht, sondern wirklich nur fühlt. Der Blinde wäre dann der einzige, der in einer objektiven Welt lebt. »Le cosmos est l'espace. L'espace est achrome«, schreibt Verheyen. Die Welt ist farblos wie die Welt des Blinden.

So bin ich denn zum Schlüsselloch vorgedrungen, aber zu einem, zu dem weder ein Schlüssel noch ein Schloß, ja nicht einmal eine Türe vorhanden zu sein scheinen; doch gerade von dieser Paradoxie aus ist Jef Verheyen zu begreifen.

Kehren wir zu Wittgenstein zurück. Seinen berühmten Schlußsatz kann ich auch paradox wiedergeben: »Wovon man nicht sprechen kann, darüber muß man schweigen« heißt dann: »Wovon man nicht sprechen kann, darüber muß man sprechen.« Diese paradoxe Fassung des Satzes ist mir lieber, zeigt sie doch das Donquijotehafte jeder denkerischen Bemühung auf, deren Kühnheit und deren Grenze. »Wovon man nicht sprechen kann, darüber muß man schweigen« ist ein meditativer, »wovon man nicht sprechen kann, darüber muß man sprechen« ein erkenntniskritischer Satz, der zugleich die Forderung enthält, die Sprache gleichwohl zu wagen. Er ist eine Devise für Schriftsteller: Dem Scheitern der Sprache steht ihre Notwendigkeit gegenüber.

Aber mit gleichem Recht kann auch der Satz: »Was man nicht malen kann, darüber muß man schreiben« ins Paradoxe übersetzt werden. Er heißt dann: »Was man nicht malen kann, das muß man malen.« Auch dieser Satz ist eine erkenntniskritische Aufforderung, dennoch zu malen. Er ist eine Devise für Maler: Dem Scheitern der Malerei steht ihre Notwendigkeit gegenüber.

Ich kehre zum Schlüsselloch zurück, zu dem uns Schlüssel, Schloß und Türe zu fehlen scheinen. Wir leben heute in einer Zeit, in der ein Loch an sich, ein Loch als eine Singularität, als ein sogenanntes Schwarzes Loch, nicht einen mystischen Begriff oder ein Wortgebilde von Christian Morgenstern bedeutet, sondern eine kosmische Konsequenz des wissenschaftlichen Denkens über die Gravitation darstellt, das vor dreihundert Jahren mit Newton begonnen und das Einstein weitergeführt hat.

Ebenso ist Wittgensteins Schlußsatz seines *Tractatus* ein Resultat eines erkenntniskritischen Denkens, das mit Hume und Kant einsetzte und durch Fritz Mauthner, der in Meersburg lebte, sprachkritisch wurde, erkannte doch dieser vielverleugnete Anreger, daß es keine Erkenntniskritik ohne Kritik der Sprache geben könne.

So ist denn auch der Satz, was man nicht malen kann, das müsse man malen, den ich aus Jef Verheyens Malen und Denken folgerte, das Resultat einer 120 000 Jahre alten Beschäftigung mit der Malerei, die einst in einer Höhle begonnen wurde.

Damit ist Jef Verheyen in eine Höhle zurückgekehrt. Wenn Sehen Fühlen ist, und wenn man malt, um zu sehen, malt man, um zu fühlen. Eine solche Malerei ist reine Subjektivität. Der vorgeschichtliche Mensch lebte in einer magischen Welt. Er malte die Tiere, die er jagte, aber auch die, von denen er gejagt wurde, an die Wände seiner Höhle, und indem er sie malte, bannte er sie. Wer jedoch in einer mystischen Welt lebt, in der Höhle seiner selbst, meint, wenn er malt, nicht das Tier oder die Farbe, sondern was hinter dem Tier und hinter der Farbe, und wenn er spricht, was hinter dem Wort ist. Das Mystische ist das rein Subjektive, das nicht Beweis- und das nicht Widerlegbare. Eine ultraviolette Fledermaus, die ein wortloses Lied in Ultraschall singt.

So kommt denn auch ein weiterer Satz Wittgensteins in seinem *Tractatus* vor: »Es gibt allerdings Unaussprechliches. Dies *zeigt* sich, es ist das Mystische.«

In Jef Verheyens Malerei zeigt sich das Mystische.

Dann, bevor Wittgenstein zu seinem Schlußsatz kommt, schreibt er: »Meine Sätze erläutern dadurch, daß sie der, welcher mich versteht, am Ende als unsinnig erkennt, wenn er durch sie – auf ihnen – über sie hinausgestiegen ist. (Er muß sozusagen die Leiter wegwerfen, nachdem er auf ihr hinaufgestiegen ist.) Er muß diese Sätze überwinden, dann sieht er die Welt richtig.«

Ob diese Sätze auch für Jef Verheyens Malerei gelten?

Die Schnecke, die mit Hilfe des Stabes, den ihr Wittgenstein zuspielte, die sechs Meter zu überspringen versuchte, welche die Schwierigkeit der Fragen versinnbildlichen, denen sich die Schnecke gegenübersah, weiß auf diese Frage keine Antwort. Es sei denn, sie zitiere zum letztenmal Wittgenstein: »Zu einer Antwort, die man nicht aussprechen kann, kann man auch die Frage nicht aussprechen.«

Meine Damen und Herren, ich habe Ihnen meine Rede zugemutet, nun müssen Sie sich auch Jef Verheyens Bilder zumuten lassen.

Einführung Yasushi Inoue

1985

Die Aufgabe, in die ich hineingelistet worden bin, ist nicht leicht. Ich soll einen Dichter einführen, von dem ich nur vier Bücher kenne, *Der Stierkampf*, *Das Jagdgewehr*, *Die Berg-Azaleen auf dem Hira-Gipfel* und den Gedichtband *Eroberungszüge*. Sie wurden mir mit zwei weiteren Büchern vor drei Wochen zugeschickt, mit einer Abhandlung über den Dichter, damit ich mich informieren könne. Die Abhandlung habe ich nicht gelesen. Ich halte mich daher an die vier Bücher, die ich gelesen habe. Das erste Buch schildert eine Handlung, die sich in der Millionenstadt Osaka abspielt, sie könnte sich auch in anderen Millionenstädten abspielen, in Chicago oder in São Paulo, überall sucht man durch eine Publikumsveranstaltung zu Geld zu kommen, die sich als komplizierter erweist, als man sie sich vorgestellt hatte, und überall vermag das schlechte Wetter solchen Veranstaltungen einen Streich zu spielen, überall stehen hinter solchen Veranstaltungen menschliche Leidenschaften, überall kann der Kampf der Stiere untereinander für den nicht minder grausamen Kampf der Menschen untereinander stehen, ich dachte während der ganzen Erzählung an Brecht, doch was mich verblüffte, war, daß ich erst allmählich draufkam, daß die Handlung ein Jahr nach Kriegsende spielte, beiläufig: »So schwatzte Tashiro; sein breitschultriger, kräftiger und mittelgroßer Körper war in einen schwarzen Ledermantel gehüllt, in der Hand hatte er eine Boston-Reisetasche aus etwas ältlich aussehendem, aber hartem und neuerdings als Kostbarkeit geltendem Krokodilleder. Sie gingen beide auf der wenig belebten, zur Midorisuji führenden Straße dahin, die ein von Brandbomben völlig zerstörtes Stadtviertel durchquerte.« Oder später: »Fand der Stierkampf in Osaka-Kobe statt, wetteten sicher alle Zuschauer genau wie in der Stadt W. Vielleicht half ein solches Erlebnis den Japanern, nach dem verlorenen Krieg wieder zu sich zurückzufinden.« Ferner: »Aber ich kann«, sagte Tsugami mit deutlich verärgerter Miene, »auf keinen Fall darauf verzichten! Ich möchte tagsüber einige zehn Feuerwerkskörper abbrennen und nachts, wenn irgend möglich, besonders prachtvolle Dinger in den Himmel steigen lassen!« »Oh, das ist hübsch!« meinte Sakiko. »Ob Osaka dabei in Flammen aufgeht, ist ja nicht so wichtig. Ich finde es jedenfalls großartig, wenn hoch über den dunklen, von Brandbomben zerstörten Stadtteilen plötzlich Chrysanthemen aufflammen!« Und endlich: »Von der obersten Reihe aus, wo Tsugami stand, sah man bis zum Fuß der Rokko-Berge sich hinziehende Trocken- und Naßfelder, da und dort verstreute Fabriken und in dichter Fülle kleine Häuser unter den schweren dunkelgrauen Wolken daliegen. Es war eine gefrorene Landschaft, wie man sie wohl manchmal auf Porzellan gemalt findet. In der Nähe des Rokko-Gipfels waren noch einige Schneestreifen zurückgeblieben. Eine Reihe von Flecken Schnees auf dem Gipfel gab Tsugami, der sich unsagbar matt fühlte, wieder ein wenig Kraft. Etwas sehr Reines und Klares, etwas, das aus diesem besiegten Lande völlig verschwunden war, hatte sich gleichsam dorthin flüchtend versammelt und schien sich, dicht aneinandergerückt, miteinander zu unterhalten.« Die zweite Erzählung, die ich von Inoue las, heißt *Das Jagdgewehr* und ließ mich an Frisch denken. Inoue erzählt, er habe einmal einen Mann beobachtet und ihn in einem Gedicht geschildert:

Eine große Matrosenpfeife im Mund,
läßt er Setter-Hunde vor sich her laufen,
stapft mit hohen Stiefeln über die Eiszapfen
der Erde
und steigt auf engem Pfad durch das Gestrüpp
hinauf zum frühwinterlichen Amagi-Berg.
An seinem Gurt trägt er 25 Schuß Jagd-
munition
seine Lederjacke ist dunkelbraun
und darüber hängt die Churchill-Doppel-
flinte.
Was bewog ihn wohl, sich so kalt zu
bewaffnen
mit diesem schimmernden Stahlrohr, das
Leben vernichtet?
Warum bewegt mein Herz so
der Rücken dieses großen, zufällig vorüber-
schreitenden Jägers?

Seit diesem Tag,
auf Großstadt-Bahnhöfen und spät in der
Nacht in Amüsierlokalen,
überfällt mich unversehens
ach, der Wunsch, wie dieser Jäger dahin-
zugehen,
gemächlich, ruhig und kalt.

In solchen Augenblicken sehe ich immer,
was hinter dem Jäger sich breitet:
nicht etwa die frühwinterliche Landschaft
des Amagi-Bergs,
sondern ein verödetes, weißes Flußbett.
Das schimmernd geputzte Jagdgewehr
drückt seine ganze Last
tief in Seele und Leib des einsamen Mannes
von mittleren Jahren,
strahlt eine seltsame, blutbefleckte Schön-
heit aus,
die, wenn das Gewehr auf Lebendes zielt,
niemals erscheint.

Dieser im Gedicht beschriebene Mann schickt Inoue einen versiegelten Brief, die Schriftzeichen auf dem weißen Umschlag sehen wie die in das Steinmonument auf dem Taishan-Berg eingeritzten Schriftzeichen aus, über die ein Historiker einmal schrieb, sie sähen wie heller Sonnenschein nach herbstlichen Regenschauern aus. Der Briefschreiber, ein Mann in einer hohen gesellschaftlichen Stellung, schreibt von sich, er sei kein Mann von erlesenem Geschmack und verstehe nichts von Poesie, aber das Gedicht Inoues habe ihn so tief bewegt wie kaum etwas je zuvor und er schicke drei an ihn, den Briefschreiber, gerichtete Briefe, damit Inoue wisse, wie das »weiße Flußbett« aussehe, in das er, der Briefschreiber, einmal geblickt habe. Der erste der drei Briefe ist von der Nichte des Briefschreibers, die entdeckt hat, daß dieser, ihr Onkel, der Geliebte ihrer Mutter gewesen war, die Selbstmord begangen hat, der zweite Brief stammt von der Frau des Briefschreibers, die von Anfang an von der Beziehung ihres Mannes zu ihrer Schwester wußte – ohne daß die Schwester es ahnte, und endlich der Brief der geliebten Schwägerin an den Briefschreiber, vor ihrem Selbstmord geschrieben – weil sie erfahren hat, daß ihre Schwester von ihrer Liebe weiß. Sie werde, schreibt sie ihm, jetzt unausweichlich als eine Frau gestraft, welche die Qual des Liebens nicht hat ertragen wollen und nur immer nach dem Glück, geliebt zu werden, jagte. Ein Mann, widergespiegelt von einem Gedicht und von den Briefen dreier Frauen. Auch diese Geschichte, 1950 erschienen, spielt zum Teil während des Krieges. »Mir ist«, schreibt Sakiko, die sich das Leben nimmt, an ihren Geliebten, »mir ist, als zerspringe meine Brust, wenn ich an die Nacht des 6. August zurückdenke, als die Wohnviertel zwischen Osaka und Kobe in ein Meer von Flammen verwandelt wurden. Shoko und ich waren schon geraume Zeit in dem kleinen, von Dir gebauten Luftschutzgraben gewesen, aber sobald das Dröhnen der B-29 den Himmel über uns erfüllte, stieß mich das in eine abgrundtiefe Einsamkeit. Was war das für eine unsagbare, herzerdrückende Einsamkeit! Ich war zum Verzweifeln einsam! Ich spürte, daß ich unmöglich länger still sitzen konnte, tappte ins Freie hinaus, und da sah ich Dich stehen. Überall war der Himmel zu einem tiefen Rot entzündet. Das Feuer hatte in der Nähe unseres Hauses begonnen, und nun liefst Du plötzlich zu mir her, und wir standen beide am Eingang unseres Luftschutzgrabens. Schließlich begaben wir uns zusammen hinein, aber kaum war ich dort, fing ich laut zu weinen an.« Das dritte Buch, das ich von Yasushi Inoue las, besteht aus vier Erzählungen. In der ersten Erzählung, *Unter den Blüten*, schildert Inoue den Tod seines Vaters. Er schließt diesen Vorgang mit den Worten: »Bei der

Arbeit stand ich oft von meinem Schreibtischsessel auf, setzte mich in den Korbstuhl auf der Veranda, verfiel in vages Sinnieren, das mit meiner Arbeit nicht das geringste zu tun hatte, und da fiel mein Blick oft auf ein paar Zelkovenbäume, die ihre alten Zweige nach allen Richtungen streckten. Wie oft hatte ich in dieser beobachtenden Haltung meinen Vater gesehen. Wenn er auf der Veranda des Heimathauses im Korbstuhl saß, schaute er auch immer auf den Wipfel eines Baumes. Mir war plötzlich, als starrte ich in einen Abgrund, der sich zu meinen Füßen aufgetan hatte. War meinem Vater damals nicht vielleicht ähnlich zumute gewesen? Dadurch, daß ich fühlte, wie mein Vater gewissermaßen in mir war, und ich wohl dachte wie er, erinnerte ich mich sehr oft an jenen Mann, der einmal mein Vater war. Ich saß ihm häufig gegenüber und unterhielt mich mit ihm. Nach seinem Tode erkannte ich plötzlich, daß er mich, solange er lebte, vor dem Tod geschützt hatte. Dies war mir bis dahin, eben weil er noch am Leben war, natürlich nicht bewußt gewesen, doch irgendwo in meinem Herzen empfand ich so und hatte daher nie an meinen Tod gedacht. Doch nun, da mein Vater tot war, eröffnete sich ein weiter Ausblick auf ihn wie auf ein Meer, und ich mußte, ob ich wollte oder nicht, den Tod näher ins Auge fassen. Ich begriff, daß ich als nächster an die Reihe kam. All dies aber erkannte ich erst, nachdem mein Vater gestorben war. Durch sein Leben war ich als Kind vor dem Tod geschützt gewesen. Doch war dies nicht etwa eine Gabe, ein Geschenk von ihm, und es hatte nichts mit Eltern- und Kindesliebe zu tun. Es entstand ganz natürlich aus den Beziehungen zwischen Eltern und Kindern, rührte daher, daß ich sein Kind und er mein Vater war.« In den zwei weiteren Erzählungen,

Der Glanz des Mondes und *Die Schneedecke*, schildert Inoue die Krankheit und das Sterben seiner Mutter. Beim Lesen dieses Geschehens dachte ich nicht mehr an einen anderen Schriftsteller. Ich dachte nur noch an Inoue. Was mich bewegte, der ich meinen Eltern ein widerspenstiger Sohn war, der sich vor ihnen verschloß und von ihnen abschloß, war, wie nicht nur Inoue, seine Frau und seine Kinder, sondern auch seine Brüder, seine Schwester und sein Schwager am Alterszerfall teilnehmen, wie sie wahrnehmen, ohne die alte Frau zu entmündigen oder abzuschieben, sondern mit unendlicher Ehrfurcht vor dem Abspulen eines Lebens, wie diese in die Zeit zurücksinkt, wie sie ihren Mann vergißt und nur noch von einem entfernten Vetter spricht, der mit siebzehn Jahren gestorben ist, als sie ein kleines Mädchen war, wie sie überlegen, wenn die alte Frau des Nachts mit einer Taschenlampe die Zimmer durchstreift, ob sie als junge Frau ihren Sohn oder als kleines Kind ihre Mutter suche, bis sie endlich bemerken, daß sie alle für die alte Frau gestorben und daß sie alle für die alte Frau jemand anderes sind, Fremde. Endlich, *Die Berg-Azaleen auf dem Hira-Gipfel.* Auch diese Erzählung ist in der Nähe des Kriegsendes angesiedelt. Sie beginnt: »Wie schnell die Zeit vergeht, nun sind es schon fünf Jahre. Endlich, nach fünf Jahren, befinde ich mich wieder in dem Gasthof von Katada. Zuletzt war es im Frühling vor dem letzten Kriegsjahr, als die militärische Lage immer prekärer wurde. Seitdem sind also fünf Jahre vergangen.« Ich mußte, als ich diese Erzählung las, an Jean Paul denken. Der Erzähler ist der alte gelehrte Shuntarô Miike, er hat vor dem Ersten Weltkrieg sieben Jahre lang unter Professor Schwalbe in Straßburg über die den Muttermalen ähnlichen blauen Flecken bei Kindern studiert, nebenbei aber auch grundlegende Forschungen zu seinem Lebenswerk über die Weichteil-Anatomie betrieben. Nachher hat er ein Jahr lang im Leydener Museum in Holland die Schädel von etwa tausend Filipinos gemessen. Nach Japan zurückgekehrt, Mitglied der japanischen Akademie, Träger eines großen Preises, Dekan einer medizinischen Fakultät, schreibt er auf deutsch sein Lebenswerk über das Arteriensystem der Japaner, das er nie vollenden und das niemand lesen wird. »›Ach, sie alle haben keine Ahnung von dem, was ich bisher schrieb. Keiner von Ihnen wird begreifen, daß aus diesem Vorwort der unsterbliche Ruhm des Gelehrten Shuntarô Miike strahlt. Hiroyuki könnte, selbst wenn er wollte, nicht ein Wort davon verstehen. Ich weiß nicht, wieviele Jahre er Deutsch in der Schule gelernt hat, aber es gibt wenige, die sich so wie er im Vergessen auszeichnen. Sadamitsu übersetzt Goethe. Von ihm könnte ich mir vorstellen, daß er diese Sätze versteht, doch vielleicht begreift er nichts anderes als Goethe – so war er schon immer. Und nicht einmal was seinen Goethe betrifft, kann man sicher sein, daß er ihn richtig erfaßt. Ich weiß nichts von dem Dichter Goethe, aber vielleicht ist Goethe bei ihm genauso launisch und schwierig geworden, wie er selber ist. Doch bestimmt war Goethe nicht so egozentrisch wie Sadamitsu, nicht so unfähig, mit seinem Vater und seinen Geschwistern zurechtzukommen. Sadamitsu kennt auf der Welt nichts anderes als Goethe. Es ist schrecklich mit diesem Sohn, der keine Ahnung hat, was sein Vater tut. Er weiß nicht das geringste von der Bedeutung, von dem hohen wissenschaftlichen Wert meiner Forschungen über das japanische Arteriensystem, von meinem bescheidenen, doch wichtigen Werk über die Weichteil-Anthropologie.‹« Dieser achtundsiebzigjährige Gelehrte, der gern Sake trinkt, kehrt viermal in seinem Leben in dem Gasthof ›Zum Heiligen Berg‹ am Biwa-See ein, weil dort »der Ausblick auf den Hira großartig, ja göttlich schön ist. Zwar ist er nicht so umfassend wie von Hikone aus, wo der Hira den ganzen Horizont von Ost nach West einnimmt, aber wie er, eine Reihe tiefeingeschnittener Täler gelassen umarmend, sich bis auf die Westseite des Sees erstreckt und einen Teil seines Gipfels in Wolken hüllt, all das hat eine besondere Würde, die gewöhnliche Berge nicht besitzen. Der Hira-Berg ist von unbestreitbarer Schönheit.« Der alte Gelehrte hatte einmal ein Foto gesehen: »Es zeigte den Gipfel des Hira..., den steilen Hang hinab erstreckte sich zwischen Felsen ein schimmerndes Feld von Gebirgsflora, vor allem von Berg-Azaleen. Aus einem mir unbekannten Grund bewegte mich dieser Anblick tief... An einem Tag der Einsamkeit und Verzweiflung würde ich den Hira besteigen, wo die Berg-Azaleen in Blüte standen, würde mich auf der Erde ausstrecken und unter den kräftig duftenden Blüten schlafen. Dieser Tag würde mit Sicherheit einmal kommen. Er müßte kommen. Aber er kommt nie. Nur die Einsamkeit und die Verzweiflung kommen.« Das erste Mal, 1896, als er den Gasthof ›Reihôkan‹ im Mönchsgewand betritt, hindert ihn der Todesgott daran, Shuntarô Miike, fünfundzwanzig Jahre alt, ist entschlossen, sich am nächsten Tag von dem Felsen neben dem Ukimidô-Tempel in den See zu stürzen. Doch in der Nacht im Gasthof hört er nach Zen-Übungen zweimal einen gräßlichen Schrei, als würde jemandem die Kehle durchschnitten. »Da wo der Felsen zum Seeufer abfiel, flog ein Vogel mit unheimlichem Flügelrauschen auf und an mir so dicht vorbei, daß sein

Gefieder beinahe meine Wange streifte. Zu sehen war nichts, aber diese Flügel, die in die schneeige Dunkelheit über dem See flogen, rauschten derart gewaltig, daß es mir fast das Herz durchschnitt. Ich wankte und blieb dann eine Weile unbewegt stehen. Die unglaubliche Energie – oder soll ich sie Lebenskraft nennen – dieses Nachtvogels erschreckte mich so heftig, daß der Todesgott von mir ließ.« Zum zweiten Mal kehrt der Gelehrte im Herbst 1926 in den Gasthof zurück. Er, eben Dekan der medizinischen Fakultät geworden, verlangt von seinem Sohn Keisuke, daß er sich von seiner Geliebten, einer Kellnerin mit einem unehelichen Kind, trenne. Der Skandal trifft ihn hart, sogar mehr als die Unannehmlichkeiten, die er einige Jahre später mit seinem Sohn Sadamitsu hat, der sich in eine linksradikale Affäre verwickelt, grollend zieht er sich in den Gasthof zurück, wo ihm die Nachricht überbracht wird, Keisuke und seine schwangere Geliebte hätten sich im Biwa-See ertränkt. »Ich saß auf dem Korbstuhl der Veranda, mit dem See vor mir, und versuchte mit aller Kraft dem standzuhalten, was so plötzlich über mich hereingebrochen war. Mit hereinbrechender Nacht ging ich in das Zimmer zurück und blickte nach Osten über den See. Dort an der gleichen Stelle waren noch immer die vielen Boote, wie Lichter zur Illumination blieben sie unbeweglich bis spät in die Nacht.« Die Boote suchten die beiden Leichen. Dann sah er den Hira-Berg zum dritten Mal, »vom ›Reihôkan‹ in den dunkelsten Tagen, die Japan in seiner Geschichte erlebte. Mein Herz, das Herz eines jeden von uns, war in Finsternis gestürzt, in der kein Funke Hoffnung glomm. Wir wußten nicht, wann die Bombardierungen der Städte beginnen würden. Tag für Tag wurde die Bevölkerung durch Zeitung und

Rundfunk dringend aufgefordert, zu evakuieren. Je mehr sich die Kriegslage verschlechterte, desto dunkler wurde die Zukunft für uns Japaner.« Er ist über das Schicksal seiner Arbeit besorgt. »Selbst wenn es mir gelang, einige Bände zu veröffentlichen, wäre es doch unmöglich, sie ins Ausland zu schicken. Zunächst hatte ich daran gedacht, meine Arbeit durch Vermittlung des Deutschen Konsulats in Kobe irgendwie an die Universitäten der Achsenländer zu senden, aber der Fortgang der Kämpfe in Europa ließ die Erfüllung meines letzten Wunsches unmöglich erscheinen. Ich saß in jenen Tagen am Schreibtisch und nutzte gierig jede Minute. Ich mußte unbedingt schreiben. Falls ich nur schrieb, würde, davon war ich überzeugt, alles ein gutes Ende nehmen. Jahre, Jahrzehnte nach meinem Tode fände meine Arbeit auf irgendeinem Wege die Anerkennung der gesamten akademischen Welt. Sie würde ein Fels von ewiger Dauer sein. Andere Wissenschaftler würden meinen Forschungen folgen und die Weichteil-Anthropologie würde so zur Vollendung gelangen.« Er wird immer unruhiger: »Die Namen der Empfänger der Kaiserlichen Kulturorden waren gerade an jenem Morgen in der Presse mit großem Aufwand bekanntgegeben worden. Sechs Gelehrte aus den Geistes- und Naturwissenschaften waren für diese Kulturorden ausgewählt worden, die größte Ehre, welche die Nation ihren Wissenschaftlern erweisen kann. Ich betrachtete eine Weile das Foto der Gelehrten, auf dem sie mit dem Orden auf der Brust in einer Reihe standen, und wünschte mir gleichfalls einen solchen Orden. Wie gern hätte ich gesehen, daß auch ich vor der Welt in dieser Weise gerühmt und meine Leistungen öffentlich anerkannt wurden. Daß Achtung, Interesse und Verständnis meines

Landes und seiner Bevölkerung sich auf mich konzentrierten. Ich hatte noch nie irgend jemand um weltliche Ehren beneidet, doch diesmal hätte ich zu gern die allgemeine Anerkennung auf meinen abgemagerten Schultern gespürt. War denn meine Arbeit nicht bedeutender als die jener sechs Wissenschaftler? Ich legte die Zeitung auf den Wohnzimmertisch, ging in mein Arbeitszimmer zurück, setzte mich dort an den Schreibtisch, stand dann wieder auf, verließ mein Arbeitszimmer und schritt in den Garten hinaus. War denn meine Lebensarbeit nicht eine öffentliche – vielleicht die letzte noch mögliche – Anerkennung wert? Taugte mein Werk nicht, von der Regierung gelobt, vom Volk bewundert und respektiert, von der ganzen Nation geschützt zu werden? Jetzt, an diesem Tage, wünschte ich mir für meine Arbeit eine öffentliche Ehrung, gleichgültig wie groß sie war. Wie gering eine solche auch sein mochte, ich wollte mich an irgend etwas klammern. Der Name Shuntarô Miike mußte in die Herzen der Menschen eingeschrieben werden. Der Wert der Arbeit von Shuntarô Miike mußte möglichst vielen erkennbar sein. Doch nun stand ich am Ende meines Lebens und mein Land unmittelbar vor dem Zusammenbruch. Meine mehrere tausend Manuskriptseiten würden einem unvorhersehbaren Schicksal überliefert werden. Vielleicht ging mein Lebenswerk in Rauch auf, bevor es anerkannt worden war. Unwillkürlich erinnerte ich mich an Professor Schwalbe, dem ich so viel verdankte, Tränen traten in meine Augen.« Verzweifelt kehrt er mit seinem siebzehnjährigen Enkelkind Atsuko zum ›Reihôkan‹ zurück: »Von der Familie des Gasthofbesitzers war niemand mehr da, nur ein unliebenswürdiges Dienstmädchen empfing uns. Die Fenster im Korridor waren zerbrochen, das

Haus war, wie damals alle Gasthöfe, arg heruntergekommen.« Dann ruderte ihn Atsuko über den Biwa-See. »Ein Fisch sprang neben unserem Boot aus dem Wasser. ›Oh, ein Fisch!‹ rief Atsuko mit großen Augen und ruderte schnell dahin, wo der Fisch aufgetaucht war. Mir fiel in diesem Augenblick das junge Mädchen ein, das ich vor zwanzig Jahren einmal auf halber Höhe der Treppe im See-Hotel gesehen hatte, jenes achtzehnjährige Mädchen, das mit Keisuke gestorben war. Irgend etwas von ihr erkannte ich in Atsuko wieder. War es die leicht übertriebene, kindliche Überraschung über den Fisch, der in die Höhe gesprungen war, oder die flinken Bewegungen, mit denen sie das Boot dahingerudert hatte. Jedenfalls verschwammen die Bilder von Atsuko und jenem Mädchen ineinander, mich ergriff eine Art Schwindel. Vielleicht war jenes Mädchen so wie Atsuko gewesen. Seltsamerweise fühlte ich gegen sie, die mir Keisuke geraubt hatte, keinerlei Zorn mehr. Eher empfand ich etwas wie Zuneigung, wie ich sie für Keisuke nie gefühlt hatte.« Dann kehrte er zum letzten Mal zurück: »Als ich mich vor fünfzig Jahren in diesem Raum befand, dachte ich nur ans Sterben. In der Jugend ist man frei von Gier und Geiz. Heute ist mir jeder Tag kostbar, der mir zu leben noch vergönnt ist. Professor Schwalbe ist tot und auch Professor Yamaoka aus Tôkyô ist gestorben, sicher war keiner darauf vorbereitet. Beide haben sich bestimmt gewünscht, länger – und sei es auch nur um einen Tag – zu leben, um weiter arbeiten zu können.« ... »Ach, welch tiefen Frieden fände mein Herz, wenn ich auf dem Gipfel unter den herrlich duftenden Blüten liegen könnte. Allein schon die Vorstellung, da oben ausgestreckt zu liegen und in den Nachthimmel zu blicken, erfüllt mich mit Glück. Dort, nur dort gibt es etwas, was mich beruhigen und in den Schlaf wiegen könnte. Wenigstens einmal hätte ich da hinaufsteigen sollen. Jetzt ist es zu spät. Es ist mir nun absolut unmöglich. Den Hira zu erklimmen ist noch schwieriger als *Das Arteriensystem der Japaner* fertig zu schreiben. An dem Schneetag, als ich in einem baumwollenen Mönchsgewand hierher kam und damals als die Geschichte mit Keisuke war und dann wieder später, als ich mit Atsuko da war und mit ihr in das Boot stieg, sah ich vor allem den Hira-Berg. Mein Auge ruht immer auf ihm. Aber ich kam niemals auch nur auf den Gedanken, ihn zu ersteigen. Warum wohl? Weil sich die Jahreszeit etwa nicht hierfür eignete? Nein, das war es nicht. Wahrscheinlich fehlte es an den hierfür nötigen Fähigkeiten. Ja, das war wohl der Grund. Vor sehr langer Zeit, als ich das Foto mit den Berg-Azaleen sah, dachte ich, der Tag, an dem ich den Gipfel erstiege, müsse ganz sicher einmal kommen. Vielleicht ist dieser Tag heute. Aber heute kann ich, selbst wenn ich es wollte, ihn nicht ersteigen... Irgendwo läutet jetzt eine Glocke. Oder phantasiert da ein alter Mann? Aber ich höre, hinter dem Rauschen in meinen Ohren, wirklich eine Glocke. Nein, das bilde ich mir nur ein. Ich arbeitete einmal in einer deutschen Berghütte in Triberg (ich hatte mich dorthin zurückgezogen, um eine Diskussion mit Dr. Steda vorzubereiten, eine Diskussion über die roten Knochen, die er in Sibirien gefunden hatte), und ich hörte das Geläute von Kuhglocken. Was war das für ein hübscher Klang. Vielleicht hat heute irgend etwas diese so viele Jahre zurückliegende Erinnerung wieder wachgerufen. Iß schnell! Ich muß arbeiten. Ich muß zurück in die Welt der roten Adern, in diesen Berg von Korallen.«

Diese Matinee wurde angekündigt: ›Friedrich Dürrenmatt liest Yasushi Inoue‹. Was sich die Organisation dabei vorgestellt hat, weiß ich nicht. Offensichtlich nicht viel. Ich wählte einen Bericht über das, was ich von Inoue nächtlich las. Doch Fragen bleiben. Ich kann nicht verschweigen, daß ich Inoue mit steigender Verwunderung las. Vergleiche ich ihn mit der heutigen modernen deutschen Literatur, die ich nicht wesentlich besser kenne als die moderne japanische, die ich überhaupt nicht kenne, da ich mich, selber Literatur verfertigend, mit Literatur nur ungern beschäftige, um die Naivität nicht zu verlieren, die man für diese Tätigkeit braucht, so fallen mir zwei Aspekte auf, die ich jedoch nur als Vermutungen vorzubringen wage: Die japanische Kunst strebt nach der Metapher, nach dem Bild, die europäische nach der Parabel, nach dem Gleichnis. Inoues Lyrik wird von einem Gedicht bestimmt, das er im zweiten Jahr der Mittelschule durch einen Freund kennenlernte. Er schreibt: »In dem Augenblick, da ich dieses Gedicht las, war die Verkettung mit Lyrik hergestellt. Die Bewunderung für dieses Gedicht bewirkte schicksalhaft, daß ich mein Leben lang nicht loskomme von der Lyrik.« Der Dreizeiler, ein »Haiku«, lautet:

Hart
klirrt ein Kieselstein
Es ist Herbst

Dieses Gedicht, von dem ich keine Ahnung habe, wie es auf japanisch tönt, ist eine Metapher. Wie sehr Inoue auch in der Prosa nach der Metapher hinzielt, ein letztes Beispiel, das auch den Titel seiner Erzählung *Die Schnee-*

decke erklärt: »Ich brachte Mutter zu Bett, verließ ihr Schlafzimmer, und nachdem ich mich unter meiner Decke ausgestreckt hatte, kam mir der Gedanke, daß Mutter vielleicht nicht nur in dieser Nacht überzeugt war, daß es draußen schneite. Möglicherweise hatte sie auch gestern und vorgestern das feine, leise Geräusch des vom Himmel fallenden Schnees vernommen, und vielleicht würde sie auch morgen und übermorgen solche Nächte erleben. Wie einsam sie war! Nun empfand sie das ›Leid, von geliebten Menschen Abschied nehmen zu müssen‹ nicht mehr, und sie brauchte sich auch wegen des Todes anderer und der dann fälligen Kondolenzgaben nicht mehr zu sorgen. Die blaue, flackernde Flamme des Instinkts, die sie eine Zeitlang nachts umhertreiben ließ, war endgültig erloschen. Sie lebte zwar in einer Nacht, in der es immerzu schneite, aber Geist und Körper waren bei ihr schon zu sehr in Verfall begriffen, als daß sie sich noch ein Drama schaffen und darin eine Rolle spielen konnte. Vielleicht war sie in ihre Kindheit zurückgekehrt, wo sie zu einem hochmütigen, selbstbewußten Mädchen erzogen worden war, aber die Beleuchtung auf der Bühne war nun erloschen, die glitzernden Ausstattungsstücke hatte die Dunkelheit aufgeschluckt. Sie hatte zunächst ihren Mann, den Gefährten eines langen Lebens, und dann ihre zwei Söhne und die beiden Töchter verloren. Auch ihre jüngeren Geschwister und all die anderen Verwandten, ebenso die mit ihr vertrauten Freunde waren nicht mehr da. Sie waren nicht eigentlich verschwunden, sondern Mutter hatte sie von sich aus weggestoßen. Jetzt lebte sie allein in dem Hause, wo sie einst ihre Kindheit verbracht hatte. Nacht für Nacht fiel um sie Schnee. Sie starrte auf die Schneedecke, deren Bild sich in der von ihr vergessenen, allzu weit zurückliegenden Jugendzeit in ihr Herz eingegraben hatte.« Im Gedichtband *Eroberungszüge* von Inoue in der Bibliothek Suhrkamp ist das Gedicht *Das Jagdgewehr* in Inoues Handschrift abgebildet, in einer Schrift, die sich aus dem Chinesischen entwickelt hat, viele Zeichen scheinen chinesische Schriftzeichen zu sein. Inoues Handschrift betrachtend, überlegte ich, was im europäischen Kulturkreis dieser Schrift entsprechen könnte, und kam auf die Formel, auf $E = mc^2$ etwa. Nun hat sich die chinesische Schrift aus dem Bild entwickelt, die Formel aus einem langen Denkvorgang, aus einem Denkstrom, genährt von griechischen, indischen, arabischen, aber auch chinesischen Quellen, die in Europa zusammenflossen. Stellt das chinesische Zeichen für Herbst, das ich nicht kenne, gleichsam das abstrakteste Bild dieser Jahreszeit dar, so bedeutet die Formel $E = mc^2$ die abstrakteste Einsicht in das Wesen von Energie und Materie, auch hier, das chinesische Schriftzeichen bedeutet eine Metapher, die Formel ein Gleichnis. Doch bringe ich diese Vermutungen nicht ohne Grund zur Sprache. Rudolf Kassner hat einmal geschrieben, daß ihn nicht so sehr die Ursache der Dinge kümmere, sondern deren Sinn. Ich glaube, das gilt auch für Inoue. Die Formel zielt nach der Ursache, das Zeichen nach dem Sinn, darum ist er noch imstande, hinter dem scheinbar sinnlosen Treiben seiner altersschwachen Mutter einen Sinn zu finden, aber ein verlorener Krieg ist ein sinnloser Krieg geworden, hinter dem Sinnlosen gibt es keinen Sinn. Nur was einen Sinn hat, ist miteinander verknüpft, das Sinn- und daher Bedeutungslose fällt aus der Sinn-Welt ins Nichts, der verlorene Krieg hat sich ins Nichts aufgelöst, ein Nachdenken darüber erübrigt sich, was bleibt sind Bilder, ein tiefrot entzündeter Himmel, das Dröhnen der B-29 den Himmel erfüllend, oder das Gefühl tiefster Finsternis zu einer Zeit, wo in unserer Welt der Gleichnisse und Formeln, der Determination schließlich, hinter der nicht die Sinnlosigkeit, sondern der Zufall lauert, nicht als Schicksal, sondern als das Unberechen- und damit Unvorhersehbare, immer noch nach dem Warum gefragt werden muß. Auf Hiroshima fiel am 6. August die Atombombe. Wenn jüngst ein deutscher Spitzenpolitiker an amerikanische Senatoren schrieb, am letzten Kriegstag, dem 8. Mai 1945, habe er – damals vierundzwanzig Jahre – mit seinem Bataillon die Stadt Marklissa in Schlesien gegen die Angriffe der Roten Armee verteidigt, so darf der gute Mann – so alt wie ich – Gott dafür danken, daß er kapitulieren durfte, hätte er drei Monate weitergekämpft gegen die Rote Armee, sicher mit Heldenmut, wer zweifelt daran, so wäre die Atombombe nicht auf Japan gefallen, sondern auf Deutschland – vielleicht auf Berlin –, wurde doch die Atombombe gegen Hitler gebaut. Auch das sollte zum 8. Mai gesagt werden. In seinem 1958 erschienenen Buch *Das Tempeldach*, das ich erst zu lesen begonnen habe, schreibt Inoue: »Im vierten Jahre der Tempyô-Ära (732), unter der Regierung von Shômu Tennô, beschloß der Kaiserhof zum neunten Mal, eine Gesandtschaft nach China, in das T'ang-Reich, zu schikken. Am siebzehnten Tag des achten Monats wurde zum Gesandten Tajihi Hironari vom vierten Hofrang und zum Vizegesandten Nakatomi Nashiro vom fünften Hofrang ernannt. Als Rechtskundige bestimmte man Hata no Chôgen und drei weitere Gelehrte, als Chronisten vier Personen. Im neunten Monat überbrachten Sendboten der Provinzen Ômi, Tamba, Harima und Aki den Befehl, unmittelbar dort mit dem Bau je eines großen Schiffes zu beginnen. Im selben Jahr wurden auch die anderen wichtigen Mitglieder der China-Gesandtschaft ausgewählt: Schiffsführer, Shintô-Priester, Ärzte, Divinationsmeister, Maler, Dolmetscher sowie eine große Zahl von Handwerkern wie Nautiker, Metallarbeiter, Jadeschnitzer, Gießer, Schiffszimmerleute und zahlreiche Ruderer, Bogenschützen und so weiter, so daß schließlich fünfhundert Personen für die vier Schiffe vorgesehen waren. Nur die Wahl der Gelehrten und Mönche, die sich in China neue Kenntnisse erwerben sollten, wurde auf das nächste Jahr verschoben. Auch diese Gesandtschaft, die nicht nur ungeheuer kostspielig, sondern für die Teilnehmer mit einer außerordentlichen Lebensgefahr verbunden war, hatte vor allem religiöse und kulturelle Ziele; politische Absichten bestanden kaum. Gleichwohl hatten die häufigen politischen Umwälzungen auf dem Kontinent und der koreanischen Halbinsel sich auf das kleine Inselreich Japan ausgewirkt, die schnelle Schaffung eines modernen Staates war unter diesen Umständen lebensnotwendig. Seit Kronprinz Shôtoku die ersten Schritte zu einem durch Gesetze geregelten Staat getan hatte, waren neunzig Jahre vergangen, und einhundertachtzig Jahre war es her, seit der Buddhismus aus China herübergekommen war. Die politischen wie kulturellen Einflüsse vom Kontinent waren sehr stark, aber noch hatten sich die Verhältnisse in Japan nicht stabilisiert, es war nur ein äußerer Rahmen geschaffen worden, und es gab noch vieles aus dem fortschrittlichen T'ang-Reich zu übernehmen. Verglichen mit der Entwicklung des Menschen befand sich Japan gerade in der Übergangszeit von der Kindheit zur Jugend, oder vom Gang der Jahreszeiten her gesehen konnte man sagen, es lag leichte Frühlingsstimmung in der Luft, doch war es, etwa zu Beginn des dritten Monats, noch empfindlich kalt.« Zur gleichen Zeit, 732, vermochte der Hausmeier der Franken, Karl Martell, ein Barbar gegenüber den anstürmenden Arabern, diese in einer siebentägigen Schlacht zu besiegen: Bei uns war es noch kälter. Übernahm Japan von China freiwillig die Weisheit, das Sich-Versenken in den Sinn, das nicht übernommen, sondern immer wieder geübt werden muß, die Schrift, die Malerei, das Theater, wandelte es die Künste immer wieder um und übernahm es nicht zuletzt von China die Höflichkeit, die wir als äußerlich empfinden, die jedoch notwendig ist, muß man im engen Raum, die dieses erdbebenerschütterte Inselreich gewährt, zusammenleben, so wurde ihm weit mehr als tausend Jahre nach der Expedition nach dem T'ang-Reich mehr oder weniger zwangsweise die europäische Klugheit und deren Formelwelt aufgepfropft und damit auch eine Technik, die nicht, wie sie es während Jahrtausenden tat, auf Erfahrung beruht, sondern auf Physik und Mathematik, auf dem Erkennen und Abstrahieren, ein Denken, das nicht immer wieder neu errungen werden muß wie die Weisheit, die aus China und aus Indien stammt, sondern das übernommen werden kann als Resultat, als Ende eines langwährenden geistigen Vorgangs. Japan übersprang die geistige Evolution, die Europa zu Europa machte, während es die Evolution Chinas, seiner geistigen Heimat durchmachte und in vielem vertiefte. Darum wohl sein Doppelgesicht. Zuerst infiziert vom europäischen Imperialismus, wie Europa in größenwahnsinnige Kriege verstrickt, jetzt, nach dem Schock der Atombombe, sämtliche Möglichkeiten der modernen Technik ausnützend, eine der führenden Industrienationen geworden, in vielem moderner, fortschrittlicher als wir, einst fremdenfeindlich auf ihrem Inselreich, nun Touristen bei uns. Leicht verlegen fühlen wir uns, von ihnen geknipst, als Eingeborene. Auch dieser Hintergrund gehört zu Inoue, der die Welt weit besser kennt als ich, der ich nie in seiner Heimat war, der ich, eingeladen, in Tokio während der Weltausstellung den *Meteor* zu inszenieren, entsetzt absagte, als ich die klimatischen Bedingungen zur Kenntnis nahm, die in dieser Stadt herrschen: Inoue flüchtet nicht aus dieser Welt, er nimmt sie wahr, als Zeichen. Darum möchte ich mit einem seiner Gedichte schließen aus dem Gedichtband *Eroberungszüge*:

Augen

Es muß gewesen sein, als ich sieben war.
Daß ich eines klaren, stürmischen Frühlings-
tages, während mich irgendwer von hinten um-
faßte, im Winkel des Gartens in den aufge-
lassenen Brunnen sah, in den eckigen Schacht,
der abwärts in die Tiefe stürzte: bemoostes,
altes Steingemäuer, wuchernde Farne, schau-
dernd eisige Luft; und drunten auf dem Grund
stand reglos und wie ein rostiger Spiegel
das Wasser. Heute weiß ich: da zum erstenmal
beschlich mich etwas, das vieles in meinem
Leben bestimmte.
Wäre jene eine Sekunde eines Frühlingstages
des Kindes nicht gewesen und nicht der Blick
hinab in die mit kalten Mörderaugen aufgefüllte
Düsternis in der Erde, – womöglich hätte ich,
zwanzig Jahre alt, dem Freund die Stirn gespal-

ten, oder ich wäre mit fünfundzwanzig in der Kolonne der Ideologen marschiert, hätte vielleicht mit dreißig mich für die Liebe geopfert, mit fünfunddreißig vor Verzweiflung den Strom des Unabänderlichen überquert oder aber mir mit vierzig in unserer Stadt einen Namen gemacht. Doch es ist anders gekommen. Einmal nur im nördlichen China am Yung-ting, dem »Ewig-Unwandelbaren«, als auf seinen Wellen unirdisch weiß die Sonne flammte, überfiel mich der Rausch des Kampfes, der das Leben für nichts erachtet; sonst bin ich in allem träge geblieben und immer der unbeteiligte Augenzeuge.

Vielleicht, möchte ich noch beifügen, gibt es keine größere Beteiligung an dieser unserer so krank gewordenen Welt als die des Unbeteiligten. Er allein wird, bleiben Zeugen übrig, der verläßliche Zeuge sein.

Vorwort zu Markus Imhoofs Film ›Das Boot ist voll‹

1982

Gewiß, der Film beginnt mit einer falschen Symbolik: Schweizer Soldaten mauern einen Tunnel zu, als gälte es, ein Leck in einem Boot zu schließen. Aber die Tunnel halfen, uns zu retten. Die Deutschen brauchten unsere Tunnel, Kohle, Stahl und wer weiß was noch alles ins oberitalienische Industriegebiet zu transportieren, auch dort die Rüstung in Schwung zu halten. Die gesprengten Gotthard, Lötschberg, Simplon wieder zu durchstoßen, hätte Jahre benötigt. Auch war die schweizerische Armee nicht bereit, ihr Land zu verteidigen. Sie hätte das Volk preisgegeben, sich ins Réduit zurückgezogen, sich eingemauert und das Volk draußen gelassen. Nicht aus Feigheit, sondern aus Berechnung, hatte sich doch die strategische Überlegung durchgesetzt, der Feind würde sich hüten, im Alpenmassiv zur Entscheidungsschlacht anzutreten, und eine von ihm nicht besetzte Schweiz sei für ihn nützlicher als eine besetzte. Sie war es. Mut wäre gefährlich gewesen.

Darum stimmt der Anfang des Films wieder, nur spielt die Handlung eigentlich jenseits und nicht diesseits des Tunnels, in einer Schweiz, die von ihrer Armee im Stich gelassen worden wäre, wären die Deutschen gekommen. Sie kamen nicht. Und so kommt denn am Schluß des Films folgerichtig die schweizerische Armee nicht als Sinnbild der Rettung, sondern des Unheils: Die Geretteten haben sich in ein Kafka-Land gerettet, wo alles gleicherweise stimmt und nicht stimmt, wie der Tunnel am Beginn, wo es gleichermaßen menschlich und unmenschlich zugeht, wo ein Deutsch geredet wird, das für die Flüchtlinge kein Deutsch ist, wo es für die geretteten Zivilisten keine Rettung gibt, es sei denn, einer von ihnen sei ein Deserteur, der zwar verachtet, aber nur ins Gefängnis geworfen wird, was für die anderen die Rettung gewesen wäre: Sie werden nicht ins Gefängnis geworfen, sie werden ab- und in den Tod geschoben. »Durch die schöne Morgenlandschaft fahren sie gegen den Fluß hinunter auf eine große Eisenbahnbrücke zu«, heißt es im Drehbuch. Der Styx als Idylle. Und auch das Boot ist voll und gleichermaßen nicht voll. Zwar ist es unbegreiflich, warum die Flüchtlinge keine Zuflucht finden, das Land ist nicht in Not, aber Fremde sind Fremde und Juden keine Christen. Für den Polizisten sind sie einfach Vaganten, für den Leutnant Pack, das zu allem fähig ist, der Ausweisung zu entgehen, und den Dörflern, zu denen sie flüchten, fehlt die Welterfahrung, sie sind nicht ohne Mitleid: Aber so schlimm wird es denen auch nicht gehen, hat man sie wieder über die Grenze geschoben, die Deutschen sind schließlich keine Unmenschen, und wenn es anders wäre, hätten die Behörden nicht beschlossen, keine mehr hereinzulassen, Flüchtlinge übertreiben halt. Das Boot war psychologisch voll.

Markus Imhoof hat einen Film geschrieben, der ebenso gut wie notwendig ist. Daß der Film nicht übertreibt, macht ihn schmerzlich, daß viele ihn ablehnen, ist verständlich. Gleich nach dem Zweiten Weltkrieg hat die Schweiz mit dem Film *Die letzte Chance* Propaganda getrieben, und nicht nur Hollywood fiel auf diese Propaganda herein, auch die Schweiz: Sie begann sich zu heroisieren. *Die letzte Chance* wäre ein größerer und damit wahrerer Film geworden, hätte er ein schlimmes Ende genommen, wären die Emigranten wieder ausgewiesen worden. Nicht, daß wir keine Emigranten aufgenommen hätten, doch Größe zeigt sich nur, wenn man zu seinem Versagen steht. Zu unserem Davonkommen gehört die Schuld; gerade hier erweist sich die Schweiz als klein, kleiner noch als auf der Landkarte. Sie sieht ihre Vergangenheit nur heldisch und human, sie will schuldlos davongekommen sein. Doch ist es falsch, unsere bewältigte Vergangenheit nun ins Teuflische umzudichten; daß sie menschlich war, genügt; »man bedichte sie lieber überhaupt nicht«, schrieb ich 1968*. Markus Imhoof hat sie nicht ins Teuflische umgedichtet. Er blies nur die Mythen fort, mit denen wir nicht nur unsere Vergangenheit vernebeln, auch unsere Gegenwart.

Ein Kunstwerk ist allen dramaturgischen Bedenken gegenüber immer möglich. Ist es gelungen, sind die Bedenken widerlegt. Markus Imhoofs Film besticht durch die Gradlinigkeit seiner Dramaturgie. Der Stoff machte es möglich. Die Kunstform der Tragödie hat die Bühne verlassen und findet sich unverhofft auf der Filmleinwand wieder, in einem neuen Medium. Wie Ödipus, seinem Schicksal zu entgehen, den falschen Weg einschlägt, der ihn seinem Schicksal entgegenführt, schlagen diese Flüchtlinge den falschen Weg ein: Sie retten sich in ihr Verderben. Doch Ödipus wären noch andere Wege offengestanden als der nach Theben, für diese Flüchtlinge gab es keinen anderen Weg als den in die Schweiz.

* »Zur Dramaturgie der Schweiz«, in: *Politik*, S. 69–70.

Absage der Einladung zur Konferenz ›Liberté et droits de l'homme‹ in Paris am 30./31. Mai 1985

Offenes Telegramm an
Jack Lang,
Ministre de la Culture
3, rue de Valois
75042 Paris
22. 5. 1985

Betrifft Einladung zur Teilnahme an der Konferenz ›Liberté et droits de l'homme‹.

Sehr geehrter Herr Minister,
Obgleich ich über die Haltung Frankreichs Nicaragua gegenüber dankbar bin, aber erfahren muß, daß Ihr Land 61,8 Milliarden (61 800 000 000) f. Fr. am Waffenexport verdient – eine Zahl, die in Kilometern ausgedrückt mehr als fünfzigmal den Durchmesser des Sonnensystems ergäbe –, halte ich Frankreich nicht mehr für den geeigneten Ort, über Menschenrechte und Freiheit zu diskutieren, wenn ich auch zugebe, kein Land zu wissen, wo dies möglich wäre: wo verhungert wird, wäre es ein Hohn, wo die Menschenrechte und die Freiheit unterdrückt werden, unmöglich, wo Waffen zu ihrer Unterdrückung hergestellt oder wo sich das Geld aus diesem Geschäft anhäuft,

Zynismus. Da die strategischen Überlegungen des amerikanischen Präsidenten auch unser Sonnensystem einbeziehen, schlage ich ein anderes Sonnensystem als Treffpunkt Ihrer Konferenz vor und sehe Ihrer ehrenvollen Einladung dorthin mit Freude entgegen.

Friedrich Dürrenmatt

Warum bin ich nach Saarbrücken gegangen?

1987

Warum bin ich nach Saarbrücken gegangen? Aus Neugier. Einmal ging ich nach Moskau an den Kongreß der sowjetischen Schriftsteller aus dem einzigen Grund, weil ich dort das Politbüro sehen konnte. Es saß dann da im riesigen Kremlsaal, angefüllt mit Tausenden von Schriftstellern, mit so vielen, wie es gar nicht möglich war, daß es so viele geben konnte. Das Politbüro saß da, unbeweglich, gesamthaft, Breschnew, Kossygin, Suslow, usw., Andropow, der als Sensation, gerade neu, saßen da mit steinernen Gesichtern und hörten sich die langweiligen Reden an. Daraus entstand meine Erzählung *Der Sturz*.

Kaum hatte ich zugesagt, kamen die ersten Zweifel. Warum hatte man gerade mich eingeladen? Auf Wunsch Egon Bahrs. Schön. Ich schätzte Bahr immer. Freute mich, ihn kennenzulernen. Der andere Kommentator, ein Professor Rovan, keine Ahnung. Doch noch zu Hause im Fernsehen, Honeckers Ankunft in Bonn. Ein Geschehen begann, bei dem ich als Beobachter auch teilnehmen würde. Schon jetzt war ich ein Beobachter. Schon jetzt sah ich die Live-Sendung anders an, als ich sonst Live-Sendungen ansehe. Meine Reise nach Saarbrücken hatte schon begonnen. Unwillkürlich werde ich dadurch schon jetzt zum Kritiker. Das Flugzeug landete. Die Treppe wurde angerollt. Die Flugzeugtüre öffnete sich. Jemand ging die Treppe hinauf, ins Flugzeug hinein. Dann kam Honecker heraus. Nein, es war nicht Honecker. Dann lange nichts. Dann doch Honecker. Er betrat bundesdeutschen Asphaltboden. Wäre er der Papst, hätte er ihn jetzt geküßt. Aber seine Exzellenz der Generalsekretär des Zentralkomitees der Sozialistischen Einheitspartei Deutschlands und Vorsitzende des Staatsrates der Deutschen Demokratischen Republik ist zwar auch ein Papst und die Sozialistische Einheitspartei auch eine alleinseligmachende Kirche, aber er küßt keinen Asphalt, sondern nur andere Generalsekretäre (sozialistische). Keiner der westdeutschen Politiker kriegte einen Kuß. Doch auch ohne ihn war es ein welthistorischer Augenblick. Seit es das Fernsehen gibt, habe ich unzählige welthistorische Augenblicke gesehen. Gibt es überhaupt Augenblicke, die nicht welthistorisch sind? Sogar den Polizisten, wie ich in einer späteren Sendung sah, wurde eingebleut: »Reißt euch zusammen, ihr werdet einen welthistorischen Augenblick erleben.« Nuancen wurden erklärt. Schon nach der Landung. Nur sieben weiße Mäuse, nicht fünfzehn wie bei anderen Staatsoberhäuptern. Es handle sich um einen Arbeitsbesuch, aber Strauß in München werde fünfzehn Polizisten auf Motorrädern vorausschicken. Er wurde dann in München vom gemütlichen Landesvater wie ein König empfangen, nur nach Dachau mußte er allein. Es wäre schön, Franz Josef Strauß hätte neben ihm gestanden, es starben hier nicht nur Kommunisten. Es war für mich der rührendste Augenblick. Einerseits – andererseits der bitterste. Welthistorische Augenblicke lassen sich steigern und variieren. Es gibt gewöhnliche, außergewöhnliche, sensationelle, langweilige, provinzielle, sentimentale, dilettantische, grandiose, komische welthistorische Augenblicke, inszeniert sind sie alle, außer den uninszenierten. Ein solcher war neulich, als in Sri Lanka ein Soldat nach dem indischen Ministerpräsidenten mit dem Gewehrkolben schlug. Ich hatte plötzlich das Gefühl, etwas erlebt zu haben. Aber auch das war vielleicht inszeniert. Dann gibt es hauptwelthistorische Augenblicke. Ein solcher war natürlich das Zusammentreffen Kohl-Honecker. Es wurde mir sofort klar, als ich sie zu Hause sah, daß ich in Saarbrücken einer Provinzvorstellung beiwohnen würde. Eine Bombenbesetzung wie Honecker und Kohl würde es nicht mehr geben. Honecker als Hamlet und Kohl als Claudius. Claudius ist der Onkel von Hamlet, Kohl kann nur den Claudius spielen. Kohl sieht immer wie ein Onkel aus, auch wenn er sich als Enkel ausgibt. Honecker als Hamlet ist kaum eine Idealbesetzung. Ich wüßte im Moment überhaupt keinen Politiker, den ich als einen Ideal-Hamlet bezeichnen möchte. Aber Honecker hat entfernt etwas Intellektuelles, wie alle durchtrainierten marxistischen Funktionäre. Man glaubt, daß er denkt. Nur Gefühle bereiten ihm Schwierigkeiten. Lächeln ist für ihn ein Problem. Er fühlt sich nicht unter Kommunisten. Oder will so lächeln, daß man fühlt, daß er sich nicht unter Kommunisten fühlt. Auch gelingen ihm die geflügelten Worte weniger als dem Dänenprinzen. Daß Kommunismus und Kapitalismus sich so schlecht vertrügen wie Feuer und Wasser, wirkt etwas komisch in einer Zeit, wo überall in kommunistischen Landen versucht wird, die schwerfälligen Kampflokomotiven ihrer ökonomischen Systeme mit dem kapitalistischen Feuer zu beschleunigen. Doch wie die Besetzung, so die Aufführung: Claudius, ganz Machtmensch, betritt die Szene. Die Wachtmannschaft wird ihm gemeldet. Schwenk über den

Hofstaat. Bangemann als Polonius, eine Menge Rosenkranz' und Güldensterns. Nur Genscher als Königin fehlt. Claudius und Hamlet treffen sich. Die Beerdigung der Wiedervereinigung wird eingeleitet. Selbstverständlich muß von hier an Shakespeare umgeschrieben werden. Aber das tun die heutigen Regisseure ja ohnehin. Nach Shakespeare wäre Claudius der Mörder und Hamlet der eigentliche Nachfolger, aber der BRD-Regisseur (sonst kommen sie immer aus der DDR) hat herausgefunden, daß Hamlet der Mörder und Claudius der legitime Nachfolger ist. So spielen sie denn auch. Kohl schwer, ernst, voll Trauer, Honecker eine Spur heiterer, na ja, ich mußte eben, Schießbefehl ist Schießbefehl, aber bei beiden ist Erleichterung spürbar, Hauptsache die Leiche wird endgültig begraben, sie lag allzulange im Mausoleum der allgemeinen gesamtdeutschen Trauer, schon mehr als dreißig Jahre, eigentlich schon nach Kriegsende, wird sie auferstehen, ist der Sarg noch offen, will überhaupt jemand, daß sie auferstehe, Trauermärsche von Vertriebenen an ihrem Grab, sie wurde ein politisch-theologisches Problem, ein Glaubensartikel wie die Wiederkunft Christi. Dann werden die zwei Nationalhymnen gespielt. Die hamletische kenne ich nicht, irgendwie eine Mischung von ›Schweizerpsalm‹ und ›Internationale‹, dann die von Claudius, ich höre ›Deutschland, Deutschland über alles‹, der Kommentator sagt, es sei die dritte Strophe gewesen, »Einigkeit und Recht und Freiheit für das deutsche Vaterland«, aber vielleicht haben die Kerle doch die erste Strophe gespielt. Was macht's. Die Hymne muß ohnehin umgeschrieben werden: Die Einigkeit für das deutsche Vaterland ist verscharrt. Überhaupt das deutsche Vaterland, wie soll man jetzt sagen? Unser bundesdeutsches

Vaterland klingt nicht gut, unser demokratisches Vaterland auch nicht für das zweite deutsche Vaterland, und dann gibt es ja noch ein drittes deutsches Vaterland, das österreichische, die wollten so gerne zu Deutschland, daß sie es jetzt nicht mehr wahrhaben wollen. Die haben eine Nationalhymne, die DDR auch, ›Deutschland über alles‹ geht nicht, auch wenn man es umtextet, die Melodie ist weltpolitisch zu skandalös, das sollte die BRD endlich merken. Ich schlage vor »Ich weiß nicht, was soll es bedeuten, daß ich so traurig bin. Ein Märchen aus uralten Zeiten, das kommt mir nicht aus dem Sinn«. Das Fernsehen unterstreicht bei den beiden Hymnen (bei der auch der DDR-Text geändert worden ist) den hauptwelthistorischen Traueraugenblick durch das Hineinblenden der beiden deutsch-deutschen Fahnen, die nun wie Trauerflor wirken. Darauf marschieren Claudius und Hamlet die Ehrenwache ab, wobei Claudius Hamlet ernst, aber doch freundlich in die rechte Richtung schubst... vielleicht war es in der Reihenfolge auch umgekehrt. Dann in Saarbrücken: Ich werde von mir selber eingeholt. Vom Beobachten des Beobachters der Beobachter hab ich schon als Novelle *Der Auftrag* geschrieben. Ich beobachte im Fernsehen, was die vom Fernsehen beobachten, und werde von denen, die fernsehen, beobachtet, wie ich beobachte, was beobachtet wird: Hamlet sieht nun plötzlich wie Claudius aus, ein Onkel vom Lande, und Lafontaine wie ein etwas verbummelter Hamlet, aber die Trauerfeierlichkeiten haben jene Fröhlichkeit erreicht, die ja der Beerdigung folgt, Mord und Totschlag sind vergessen, man ist sich hüben und drüben einig, ein jeder hat wacker mitgeholfen. Dem vom Saarbrückener Hamlet offerierten Leichenmahl blieb ich fern, obgleich in der vom Protokoll vorgeschriebenen reinen Männergesellschaft Katja Epstein als Ophelia auftrat und der Rockstar Peter Maffai als Laertes. Ermordet wurde niemand. Doch was ich gehofft hatte, blieb aus: Marx war nur als Büste zu sehen. Er hatte sich geweigert, als Geist zu erscheinen. Er hätte berichtet, was im Namen seiner Feinde und in seinem Namen im Verlauf der Weltgeschichte verübt wurde: »Von Taten, fleischlich, blutig, unnatürlich, / Zufälligen Gerichten, blindem Mord; / Von Toden, durch Gewalt und List bewirkt, / Und Planen, die verfehlt zurückgefallen / Auf der Erfinder Haupt.«

Anhang

Nachweis

Vallon de l'Ermitage. ›Revue neuchâteloise‹, Neuenburg, Winter 1980/81. Überarbeitete und erweiterte Fassung des deutschen Manuskripts 1980/83.

Georg Büchner und der Satz vom Grunde. Dankesrede zum Georg-Büchner-Preis 1986, verliehen durch die Deutsche Akademie für Sprache und Dichtung in Darmstadt. ›Die Zeit‹, Hamburg, 17. Oktober 1986, ›Jahrbuch der Deutschen Akademie für Sprache und Dichtung‹, Luchterhand, Darmstadt/Neuwied 1987, und ›Lettre internationale‹, Paris, Frühling 1987.

Kunst und Wissenschaft oder Platon oder Einfall, Vision und Idee oder Die Schwierigkeit einer Anrede oder Anfang und Ende einer Rede. Vorlesung gehalten im Rahmen der Gastdozentur für Poetik an der Johann-Wolfgang-Goethe-Universität, Frankfurt am Main, 16. November 1984. Manuskript 1984.

Das Theater als moralische Anstalt heute. Rede zur Verleihung des Schiller-Gedächtnispreises des Landes Baden-Württemberg in Stuttgart, 10. November 1986. ›Basler Zeitung‹, 11. November 1986, und ›Frankfurter Allgemeine Zeitung‹, 15. November 1986.

Gibt es die ›Süddeutsche Zeitung‹ oder gibt es sie nicht? Beitrag zum 40. Geburtstag der ›Süddeutschen Zeitung‹. Beilage der ›Süddeutschen Zeitung‹, München, 15. November 1985.

Selbstgespräch. (11. Dezember 1985.) ›Tintenfaß Nr. 16‹, Diogenes, Zürich 1987, und ›Neue Zürcher Zeitung‹, 11. Februar 1987.

Paul Flora. Beitrag zum Katalog der Ausstellung ›Paul Flora, Zeichnungen / Willi Müller-Brittnau, Gemälde und Werke aus der Sammlung des Malers‹ im Aargauer Kunsthaus, Aarau, vom 22. März bis 20. April 1969.

Varlin. Beitrag zur Ausstellung ›Varlin, peintures‹ in der Galerie Claude Bernard et Albert Loeb, Paris, vom 12. Februar bis 27. März 1982.

Über Jef Verheyen. Eine Rede, gehalten anläßlich der Eröffnung der Ausstellung ›Jef Verheyen/Megaron, Bilder 1980–1982‹ in der Galerie Erker in St. Gallen. In: Friedrich Dürrenmatt, *Über Jef Verheyen,* Erker-Presse, St. Gallen 1982.

Einführung Yasushi Inoue. Vorstellung des japanischen Erzählers im Rahmen der ›Horizonte‹-Veranstaltungen Ostasien. ›Sprache im technischen Zeitalter‹, Berlin, Dezember 1985.

Vorwort zu Markus Imhoofs Film ›Das Boot ist voll‹. In: Markus Imhoof, *Das Boot ist voll.* Ein Filmbuch, Ammann, Zürich 1982.

Absage der Einladung zur Konferenz ›Liberté et droits de l'homme‹ in Paris am 30./31. Mai 1985. Offenes Telegramm an Jack Lang, 20. Mai 1985. ›Tages-Anzeiger‹, Zürich, 21. Mai 1985.

Warum bin ich nach Saarbrücken gegangen? Beitrag im Anschluß an den Staatsbesuch Erich Honeckers in der Bundesrepublik Deutschland und die Livesendung des Gesprächs zwischen Friedrich Dürrenmatt, Egon Bahr und Prof. Joseph Rovan. ›Basler Zeitung‹, 16. September 1987.

Namenregister

Friedrich Dürrenmatt im Diogenes Verlag

● Gesammelte Werke
Herausgegeben von Franz Josef Görtz. Leinen

● Das dramatische Werk
Achterloo. Komödie. Leinen
Es steht geschrieben / Der Blinde. Frühe Stücke. detebe 20831
Romulus der Große. Ungeschichtliche historische Komödie. Fassung 1980. detebe 20832
Die Ehe des Herrn Mississippi. Komödie und Drehbuch. Fassung 1980. detebe 20833
Ein Engel kommt nach Babylon. Fragmentarische Komödie. Fassung 1980. detebe 20834
Der Besuch der alten Dame. Tragische Komödie. Fassung 1980. detebe 20835
Frank der Fünfte. Komödie einer Privatbank. Fassung 1980. detebe 20836
Die Physiker. Komödie. Fassung 1980 detebe 20837
Herkules und der Stall des Augias / Der Prozeß um des Esels Schatten. Griechische Stücke. Fassung 1980. detebe 20838
Der Meteor / Dichterdämmerung. Nobelpreisträgerstücke. Fassung 1980. detebe 20839
Die Wiedertäufer. Komödie. Fassung 1980 detebe 20840
König Johann / Titus Andronicus. Shakespeare-Umarbeitungen. detebe 20841
Play Strindberg / Porträt eines Planeten Übungsstücke für Schauspieler. detebe 20842
Urfaust / Woyzeck. Bearbeitungen detebe 20843
Der Mitmacher. Ein Komplex. detebe 20844
Die Frist. Komödie. Fassung 1980 detebe 20845
Die Panne. Hörspiel und Komödie detebe 20846
Nächtliches Gespräch mit einem verachteten Menschen / Stranitzky und der Nationalheld / Das Unternehmen der Wega. Hörspiele und Kabarett. detebe 20847

Friedrich Dürrenmatt & Charlotte Kerr
Rollenspiele. Protokoll einer fiktiven Inszenierung und Achterloo III. Leinen

● Das Prosawerk
Labyrinth. Stoffe I–III: Der Winterkrieg in Tibet / Mondfinsternis / Der Rebell. Leinen
Turmbau. Stoffe IV–IX: Begegnungen / Querfahrt / Die Brücke / Das Haus / Vinter / Das Hirn. Leinen
Durcheinandertal. Roman. Leinen
Aus den Papieren eines Wärters. Frühe Prosa detebe 20848
Der Richter und sein Henker / Der Verdacht Kriminalromane. detebe 20849
Der Hund / Der Tunnel / Die Panne. Erzählungen. detebe 20850
Grieche sucht Griechin / Mr. X macht Ferien / Nachrichten über den Stand des Zeitungswesens in der Steinzeit. Grotesken. detebe 20851
Das Versprechen / Aufenthalt in einer kleinen Stadt. Ein Requiem auf den Kriminalroman und ein Fragment. detebe 20852
Der Sturz / Abu Chanifa und Anan Ben David / Smithy / Das Sterben der Pythia. Erzählungen. detebe 20854
Theater. Essays, Gedichte und Reden detebe 20855
Kritik. Kritiken und Zeichnungen detebe 20856
Literatur und Kunst. Essays, Gedichte und Reden. detebe 20857
Philosophie und Naturwissenschaft. Essays, Gedichte und Reden. detebe 20858
Politik. Essays, Gedichte und Reden detebe 20859
Zusammenhänge/Nachgedanken. Essay über Israel. detebe 20860
Der Richter und sein Henker. Kriminalroman detebe 21435
Der Verdacht. Kriminalroman. detebe 21436
Justiz. Roman. detebe 21540
Der Auftrag oder Vom Beobachten des Beobachters der Beobachter. Novelle in vierundzwanzig Sätzen. detebe 21662
Minotaurus. Eine Ballade. Mit Zeichnungen des Autors. detebe 21792
Versuche. detebe 21976

● Das zeichnerische Werk
Bilder und Zeichnungen. Mit einer Einleitung von Manuel Gasser. Diogenes Kunstbuch
Die Heimat im Plakat. Ein Buch für Schweizer Kinder. Zeichnungen. kunst-detebe 26026

Außerdem liegen vor:
Die Welt als Labyrinth. Ein Gespräch mit Franz Kreuzer. Broschur
Denkanstöße. Ausgewählt und zusammengestellt von Daniel Keel. Mit sieben Zeichnungen des Dichters. detebe 21697
Über Friedrich Dürrenmatt. Essays, Zeugnisse und Rezensionen von Gottfried Benn bis Saul Bellow. Chronik und Bibliographie Herausgegeben von Daniel Keel detebe 20861
Elisabeth Brock-Sulzer
Friedrich Dürrenmatt. Stationen seines Werkes. detebe 21388